中美物流教育与研究合作论坛论文集

(2013)

主　编　刘　俐

副主编　田　雪

中国财富出版社

图书在版编目（CIP）数据

中美物流教育与研究合作论坛论文集.2013／刘俐主编.—北京：中国财富出版社，2014.9

ISBN 978－7－5047－5322－9

Ⅰ.①中…　Ⅱ.①刘…　Ⅲ.①物流—文集　Ⅳ.①F252－53

中国版本图书馆 CIP 数据核字（2014）第 179860 号

策划编辑　王宏琴　禹　冰　　**责任印制**　何崇杭
责任编辑　郑欣怡　　**责任校对**　饶莉莉

出版发行　中国财富出版社（原中国物资出版社）
社　　址　北京市丰台区南四环西路 188 号 5 区 20 楼　　**邮政编码**　100070
电　　话　010－52227568（发行部）　　010－52227588 转 307（总编室）
010－68589540（读者服务部）　　010－52227588 转 305（质检部）
网　　址　http：//www.cfpress.com.cn
经　　销　新华书店
印　　刷　北京京都六环印刷厂
书　　号　ISBN 978－7－5047－5322－9/F·2203
开　　本　710mm×1000mm　1/16　　**版　　次**　2014 年 9 月第 1 版
印　　张　12.5　　**印　　次**　2014 年 9 月第 1 次印刷
字　　数　218 千字　　**定　　价**　32.00 元

版权所有·侵权必究·印装差错·负责调换

前　言

为给高校教育工作者及商业界的专业人士在中美物流教育发展动态与理论研究方面提供一个交流平台，北京物资学院、美国运输与物流协会和中国国际人才交流基金会于2013年7月5日至6日联合举办了“中美物流教育与研究合作论坛”，会议以“物流人才的国际化”为主题，邀请了世界五百强企业高层、中美两国的行业知名学者发表以中美两国大学物流教育的开展情况、全球化物流与供应链专业人才培养、物流业发展趋势和面临的挑战等为主题的演讲。

同时，本次大会围绕“运输、供应链、运营、绿色物流、物流教育”五大方面的主题面向参会嘉宾、高校教师广泛征集论文，并在会议期间对提交的优秀论文进行了展示和陈述。在此，我们将选出的19篇优秀论文汇编成集，以便为中美两国乃至世界范围内的物流教育界和学术界人士提供更丰富的资讯和前瞻性的观点，进行更好的交流与学习。

刘　俐

2014年3月

供应链管理篇

物流人才教育篇

物流研究篇

供应链管理篇

基于政府参与的废旧家电及电子产品的联合回收模式探析

闫蒙蒙

（北京物资学院，北京，101149）

摘要：本文分析了目前国外和我国废旧家电及电子产品的回收现状，在分析了目前国内外存在的几种回收方式优缺点的基础上，基于我国的国情以及环境保护和资源再利用的目的提出了政府参与的联合回收模式。

关键词：废旧家电及电子产品；回收；政府部门

引言

《中国的电子垃圾》显示，截至2011年年底，我国电视机、电冰箱、洗衣机、空调器和微型计算机（以下简称“四机一脑”）五种家电社会保有量达到17.7亿台。据中华人民共和国工业和信息化部（以下简称为工信部）统计，2009年，全国电器电子总量已达11.8亿台之多，而报废率也以20%的速度增长。据有关文献所知，2009年我国“四机一脑”的淘汰量约为1亿台，按照这个推算的话，到2012年，我国的废旧家电及电子产品（Waste Electrical and Electronic Equipment，WEEE）将报废2.6亿台之多。2010年我国的WEEE为230万吨，除了我国本土的这些电子垃圾，我国还面临着外来“洋垃圾”的大举入侵，目前世界上30%～40%的废弃物聚集于亚洲，而其中的70%～80%又涌入了中国。这些废旧家电及电子产品的危害特别严重，电视的显像管含有易爆炸的物质，阴极摄像管、印刷电路板的焊锡危害性就更大了。据专家介绍，制造一台电脑需要700多种化学原料，其中有害原材料超过350种。如果对这些有害物质采取传统的填埋或焚烧方式处理，对水源、土壤的危害极难治理。可是要采取有效的处理方式的前提就是要采取有效的回收方式，把散落在千家万户的废旧家电及电子产品回收聚集起来，那么本文所要探讨的有效的回收模式就显得尤为重要了。

一、国内外对于 WEEE 的回收现状概述

据国家统计局城调总局的调查资料显示，近年来，随着我国经济的快速发展，人们对电子产品的消费量与日俱增。目前我国电视机社会保有量约为 4 亿台，洗衣机约为 1.9 亿台，电冰箱约为 1.4 亿台，家用电脑 3000 万台，移动电话用户突破 3 亿[1]。改革开放后的十年间，家电及电子产品走进了我国千千万万的家庭，家电产品的使用寿命通常是 10～15 年，也就是说我国已经迎来了家电产品报废的高峰期，而随着科技和经济的发展，我国家电的使用寿命周期越来越短，报废的年限越来越短，人们普遍“喜新厌旧”，可以想见，我国又将迎来一个报废高峰。

为了规范 WEEE 回收利用体系，改善大量 WEEE 任意处置的现象，我国相继出台了相应的法律法规。如《废弃家用电器与电子产品污染防治技术政策》规定实行“污染者负责”的原则，即由产品生产者、销售者和消费者依法分担 WEEE 污染防治的责任；《电子信息产品生产污染防治管理办法》提出对 WEEE 的管理建立多元化的废旧电子回收体系和集中处理体系，明确提出实行分散回收、集中处理；《电子废物污染环境防治管理办法》重点规范拆解、利用、处置电子废物的行为及产生、储存电子废弃物的行为[6]。

美国在 1990 年就对 WEEE 的回收出台了强制性条例，十年后更是制定了更为具体的法律法规。截至 2009 年上半年，WEEE 产品法案已经在美国 20 多个州或地区通过了。在 21 世纪初，欧盟就通过了《废旧家电及电子产品指令》（简称为 WEEE 指令）。延伸生产者责任（Extended Producer Responsibility，EPR）和外部成本内部化（Internalization of External Costs，IEC）作为该指令法的理论基础，EPR 要求生产者对于产品回收、处理的费用进行负责，IEC 则是政府将处理废弃物的花销转移给生产制造商，目的在于促使后者减少对环境的污染。日本自 1982 年颁布了鼓励国民重视废弃物资的回收利用、倡导循环经济的法律法规，2001 年付诸实施的《家电再生利用法》强调产品延伸责任制，不过与欧盟不同的是由消费者对 WEEE 的回收处理埋单，该法规慎之又慎地设置了回收处理各个环节的程序，规定生产制造商、销售商，甚至消费者都要参与到 WEEE 的回收利用中，当然生产制造商所要承担的责任

较大，回收比例达到总体的一半以上[2]。

二、我国目前所采取的回收模式分析

我国近年来本土 WEEE 每年都有几百万吨，如果再加上数量巨大的外来“洋垃圾”，散落在民间的 WEEE 的数量可想而知。数量如此之多的 WEEE 不但污染环境，还对人们的身体健康造成潜在的威胁。那么把这些废旧家电及电子产品回收起来统一处理就成为重中之重的工作了，况且这本身也是一项赢利的活动，因此出现了众多的回收模式，目前我国的回收模式有以下几种。

1. 家电及电子产品生产制造商自己从事 WEEE 的回收处理工作

这种模式又分为生产制造商直接回收处理和生产制造商经过分销商回收两种方式。前者需要生产制造商自己构建覆盖全部商品销售区域的回收网络，自己管理 WEEE 的回收处理业务，佳能和 IBM 公司是这种模式。后者则是通过商品的分销渠道进行回收，分销商在消费者和生产制造商之间起着纽带作用，海尔集团采用的就是这种模式。这种模式在回收市场上有一定的价格优势，但是这种模式需要生产制造商自己构建覆盖全部商品销售区域的回收网络，分散了资金和人员，会给企业的财务带来很大的风险，如图 1 所示。

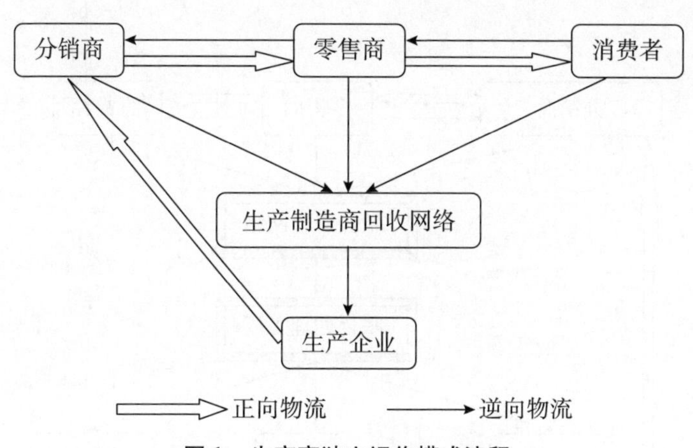

图 1　生产商独立运作模式流程

2. 专门从事 WEEE 回收处理的组织，也就是平常所说的第三方

第三方独立于生产制造商之外，有自己的专业优势和人才优势。图 2 为此种模式下的网络图。

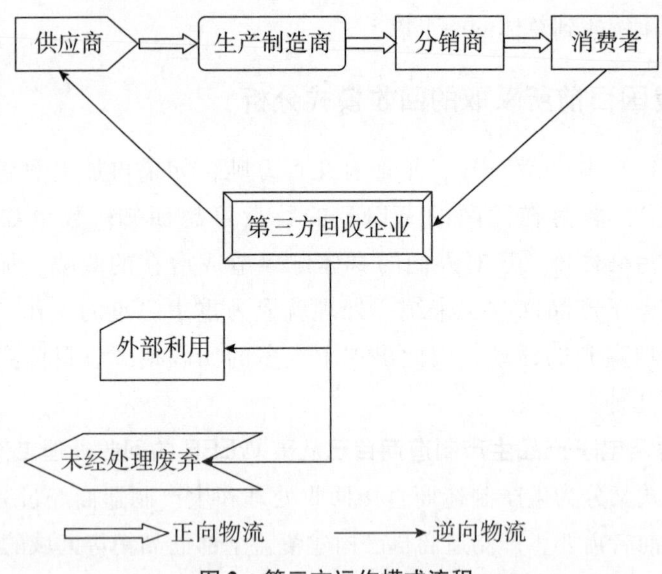

图2　第三方运作模式流程

3. 家电生产制造商行业联盟

这是由多家生产制造商组成的行业联盟性质的组织。行业联盟利用生产制造商缴纳的回收处理资金、技术、销售网络等资源，建立专门的回收网络和处理工厂，这种模式在回收市场中有一定的优势但是容易泄露商业机密（见图3）。

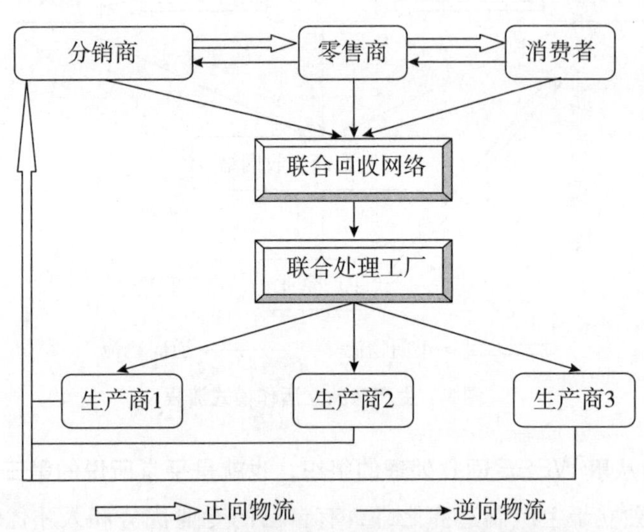

图3　家电生产制造商行业联盟联合回收模式流程

除了上述三种最为主要的回收模式外，还有商场“以旧换新”收购、流动小商贩上门收购、旧家电市场直接收购、售后服务或维修站等几种回收渠道。

以上几种模式构成了我国电子废弃物的回收体系。从以上几种模式可总结出现行回收体系存在的问题主要有以下几点：①WEEE 回收率低。由于发展水平的限制，我国终端消费者很难认同将 WEEE 以无偿方式主动交回给生产制造商及其委托者；②生产制造商回收处理难度大。在我国，目前电子电器厂家的业务模式主要为设计、生产、营销等环节，而回收和处理对他们来说是一个相对陌生的新领域。可以说，目前我国本土企业没有一家可以独自承担回收并且处置废弃产品的工作。③生产制造商逃避责任。和部分外企及合资企业相比较而言，本土家电及电子产品生产制造商不是很重视 WEEE 的回收工作，也很不情愿为此承担责任。④二手消费市场不规范。同样由于发展水平的限制及地区发展水平的不均衡，我国已从法律上默认了二手家电市场的合法性，但是这样一来，非正规回收和处理渠道的 WEEE 充斥着二手市场，由于只经过简单处理，因此埋下了安全隐患。⑤WEEE 回收处理企业发展困难。比如开工不足和亏本运营成为了企业发展的瓶颈。

三、基于政府参与的联合回收模式分析

如前文所述，家电生产制造商自营模式分散了企业资金，给企业财务带来很大风险；第三方回收处理模式存在着生产专利和保密技术泄密的风险，而且由于众多流动小商贩的存在造成的竞争局面使得第三方还存在着无法保证货源的风险；而家电生产制造商行业联盟又存在着泄露商业机密的风险；其他形式的回收渠道可以归结为个体回收处理模式，这种模式的缺点是：技术的落后可能造成 WEEE 在回收必经阶段如运输、储存过程中出现有毒物质泄漏，对环境和周围群众的生命健康造成潜在威胁的风险。

我国目前的实际状况是回收处理市场不够规范，回收过程不够科学，缺乏成体系的法律法规和标准体系，公众环保意识不强烈，缺乏政府的有力扶植等[3]，基于以上实际情况以及上述几种模式的优劣势的分析，现提出一种基于政府参与的废旧家电及电子产品联合回收模式。这种模式可以改变市场运行环境，扭转“市场失灵”现象，为新体系运营提供制度环境和制度条件，还可以督促责任主体改变其原有的经济行为，实现 WEEE 回收体系的顺利运营。

基于政府参与的 WEEE 联合回收模式是针对我国目前的实际状况和企业

的实际情况，在家电及电子产品生产制造商联盟的基础上，政府部门有机融入联盟中以实现经济效益和环保效益的模式。图4就是基于政府参与的联合回收模式流程图。

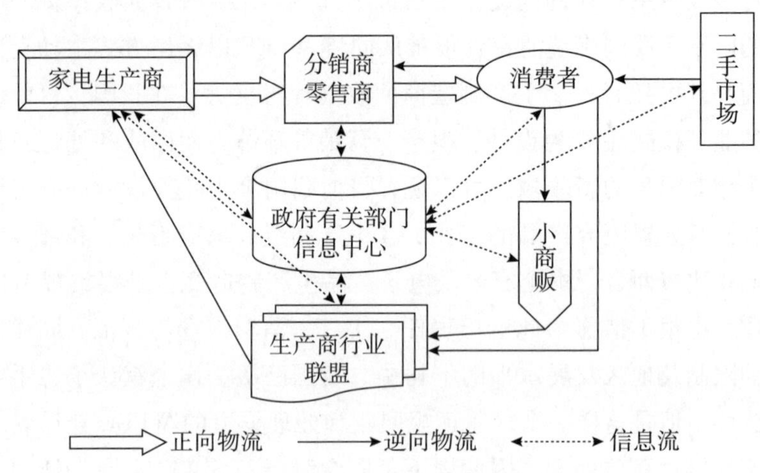

图4 基于政府参与的联合回收模式流程

正向物流：家电生产制造商生产的产品经分销商和零售商销售给消费者。

逆向物流：有的废旧家电及电子产品到了二手市场后，经过不法商家的翻新后重新卖给消费者，或者转卖到偏远地区的消费者手中；消费者在将家电及电子产品使用一定年限后将家电及电子产品以废品方式卖给小商贩或者直接送到生产制造商行业联盟指定的地点（获得一定的利益），消费者也可以用WEEE以“以旧换新”的方式购得新商品，从消费者手中收集WEEE的小商贩也要把东西送到生产制造商行业联盟指定的地点；生产制造商行业联盟将回收来的WEEE统一处理，由专业处理人员经过专业技术设备处理后，将能够二次使用的部分送到家电生产制造商那儿重新回到正向流程里，不能使用的部分则继续进行处理，以达到将对环境的污染程度降到最低的目的。行业联盟也可以利用生产制造商已经铺设好的销售网络构建逆向回收网络从消费者手中回收WEEE。

信息流：这里的信息流不是狭义的信息流，而是广义的信息流，包括政策、法律法规、资金、舆论导向等。政府部门要督促家电生产制造商研制“绿色原材料”并使用“绿色原材料”生产家电及电子产品，以降低对环境的危害，强化企业的社会责任感[4]。政府有关部门还要督促分销商和零售商在将商品出售给消费者时告知产品回收事宜，宣传环保知识。政府部门在对消费者以“以旧换新”购买新家电时要给予政策上的支持和资金上的补助，还要出台相关法律法规对二手市场予以规范化、标准化，有关部门要对二手市场上的有关商家的从业资格进行审查。政府部门还要收编流动小商贩，对其进行废旧电器电子技术知识培训，强化环保意识，将其挂靠在村委会管辖下，形成村委会管辖下的 WEEE 回收点[5]，从事回收活动，将回收来的 WEEE 交给生产制造商行业联盟进行处理。政府要对生产制造商行业联盟进行激励和政策引导，对其进行资金上的补贴，还要监督行业联盟，防止其利用家电生产制造商的技术、销售网络等资源做不利于家电生产制造商的事情，这里就是政府对行业联盟模式关于商业泄密事件易于发生所起的闸门作用。总的来说就是政府要在经济上加大资金扶持，建立回收补偿机制；行政上出台相应的激励政策以及无息或低息贷款发放政策和土地优惠使用政策，加强宣传力度，普及环保教育；法律上制定详细的行业技术标准，强制执行环保措施，建立高科技处理场所。

为了更好地完善实行上面所述模式，政府在主导构建行业联盟时需要出台一套保障机制，制定一系列配套法律政策及运作支持平台，如图 5 所示。

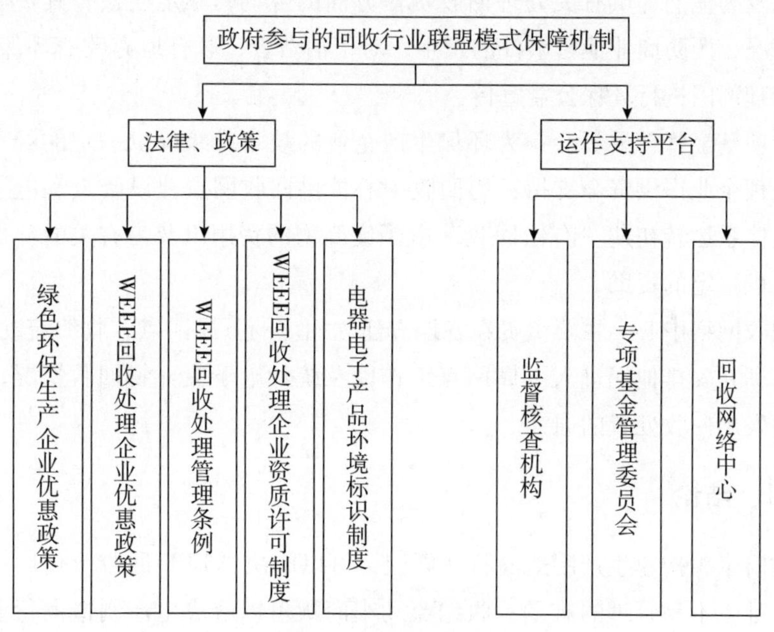

图 5　政府保障机制

绿色环保生产企业优惠政策：无息或低息贷款政策、税收减免政策、技术支持政策。

WEEE 回收处理企业优惠政策：免征增值税政策、无息或低息贷款政策、土地规划用地优惠政策。

WEEE 回收处理管理条例：《废弃家用电器与电子产品污染防治技术政策》《电子信息产品生产污染防治管理办法》《电子废物污染环境防治管理办法》等法律法规条例明确回收主体的责任制度，规范回收行为。

WEEE 回收处理企业资质许可制度：保证进入该行业的企业具有相应的技术和设备，可以满足各项要求，加强资质审查，严把入口。

电器电子产品环境标志制度：督促家电及电子产品生产制造商转换“绿色思维”使用“绿色原材料”进行“绿色设计”“绿色生产”，从源头控制污染。

运作支持平台应包括一个监督核查机构、一个专项基金管理委员会和一个回收网络中心，他们的职责为：

监督核查机构：对于家电及电子产品生产制造商，负责登记他们的相关信息，定期核查对其产品生产情况；对于行业联盟，定期核查他们的回收处理情况及为他们提供有关处理回收责任方面的咨询，不定期核查其资质及其运行情况，严防商业泄密事件的发生；对于消费者，联合地方政府环保部门、基层管理部门进行环保公益宣传。

专项基金管理委员会：为环保生产企业的技术升级提供一定的经费；为回收处理企业提供资金支持；为回收中心提供回收网点建设资金和电子废弃物回收体系运转初期“有偿回收”电子废弃物的费用以及为有关的环保公益宣传提供一定的资助[6]。

回收网络中心：主要负责在各地方建立相应的下属网点，收编流动商贩，提供培训并安排他们进入下属网点工作以及统计电子废弃物回收情况，对行业联盟发出回收处置的通知。

四、结论

政府牵头构建生产制造商行业联盟，可以解决 WEEE 回收市场回收主体过于混乱，不易管理的难题；收编流动小商贩可以解决生产制造商行业联盟货源不足的问题。出台法律法规整治二手市场可以解决二手市场部分商家商品欺诈问题[6]。总之，无论是从环保大局出发，还是从规范 WEEE 回收市场的角度出发，政府部门都要作为构建 WEEE 回收网络体系最积极的参与者，而不是消极的旁观者，特别是在目前我国 WEEE 回收处理体系尚未形成产业化的阶段，政府部门在建立和完善正规的回收处理网络中的作用就显得更为重要了。

参考文献

[1] 负晓哲，葛新权．我国废旧电子产品回收利用现状及改进对策［J］．中国城市经济，2011（15）：314－316.

[2] 朱培武．我国废旧家电及电子产品回收处理现状及对策［J］．再生资源及循环经济，2010（3）：32－34.

[3] 范文晶．我国废旧家电回收处理机制探讨［J］．中国物流与采购，2010（7）：58－59.

[4] KWOK H L，YIMING W. Reverse logistics in the electronic industry of China：a case study［J］. An International Journal of Supply Chain Management，2009，14（6）：447－465.

[5] 沈书恩．废旧电器电子产品回收处理的环境保护建议［J］．科技信息，2009（21）：332－353.

[6] 胡晓龙，王雪珍．构建以政府为主导的电子废弃物回收网络保障机制［J］．社会科学家，2009，142（2）：73－76.

基于第四方物流的港口供应链的优化*

赵广华

(浙江财经大学工商管理学院，杭州，310018)

摘要：现代港口已进入供应链管理的时代，一般港口供应链以港口物流核心企业为主导，包括港海物流企业、其他运输方式提供者、口岸机构和内陆节点单位等，以整条链的力量赢得较强的竞争优势。但缺乏跨越多条供应链运作所需的战略专业技术，充分整合社会资源、开拓高端增值服务的能力不足。第四方物流作为最优供应链解决方案的集成商，有着杰出的资源整合能力和丰富的供应链运作经验，对一般供应链的优化主要在于一是对港口供应链联盟的整合与拓展；二是对港口供应链运作流程的优化；三是提升港口供应链的智能性；四是促进港口供应链的绿色化。最终实现客户满意度、港口经营效益和港口生态效益的共同提升。

关键词：港口供应链；第四方物流；资源整合；优化

我国现有沿海港口150余个（含长江南京及以下港口），是重要的国际和地区贸易中转站，有力地支撑了经济、社会和贸易发展以及人民生活水平的提高，对于国家综合实力的提升、综合运输网的完善等具有十分重要的作用。2006年8月16日，国务院审议并通过《全国沿海港口布局规划》，将全国沿海港口划分为环渤海、长江三角洲、东南沿海、珠江三角洲和西南沿海5个港口群体重点扶植，促进了我国海洋经济的快速发展。2010年，全国沿海亿吨大港达到16个，完成货物吞吐量80.2亿吨，港口集装箱吞吐量14500万标准箱，港口吞吐量连续8年位居世界前列。经济全球化和供应链管理思想的发展，对港口行业提出了新的要求，现代港口在全球综合运输体系中的地位

* 基金项目：本文为浙江省自然科学基金项目（LZ12G02001）成果之一。

和作用正在发生变化，国际港口正步入全球供应链管理的重大战略转型期，现有港口供应链管理整合资源的范围有限，无法满足先进港口发展中多链协调，广泛整合，提供差异化、精益化、敏捷化和柔性化的服务的需要，如何寻求先进的供应链管理模式对我国现有港口供应链进行优化，成为我国海洋经济发展的重中之重。本文运用目前世界上先进的供应链管理模式第四方物流（Fourth Party Logistics，4PL）对现有港口供应链的优化做出探讨。

一、相关研究综述

自 Olive 和 Webbe 于 1982 年在其文章中首次使用了供应链管理的概念后[1]，这方面的研究越来越广泛和深入，港口供应链也成为当今国际上企业管理理论研究和实践应用的一个热点，并取得了众多有价值的研究。Dong Wan Yi，Song Hie Kim 和 Nak Hyun Kim（2002）等人提出了一个港口供应链的动态行为的建模方法，并对提出的相关港口供应链进行了战略和运作策略上的评估，然后对全球港口供应链系统的运作进行仿真，并在缓和供应链的不确定性方面提出最有效的战略和运作策略[2]。Tea won Lee 和 Nam－kyu Park（2002）将供应链的建模方法和分析框架应用到港口业的供应链中，利用量化的方法建立供应链的网络模型，在提出相关发展战略的基础上对供应链的绩效进行评估[3]。Ross Robinson（2002）提出，随着港口参与的供应链业务的快速发展，港口企业现有的功能是不够的，必须将港口看成是价值链的一部分，港口将价值传递给发货人和第三方服务提供商，也为它自身和所在的供应链创造价值，港口在新的市场环境中的定位都应该将港口作为价值驱动链中的成分[4]。Peggy D. Lee（2006）则解释了社会网络理论在港口供应链协调程度方面的应用，他采用三个港口供应链来阐述港口供应链是社会网络，其成功与否在很大程度上受到网络协调性和内聚性水平的影响，证明了内聚性和协调性程度高的其运作绩效也高[5]。Dong Wook Song，Photis M. Panayides 等（2007）用六个参数来解释物流与供应链管理中港口一体化程度的变量，包括信息技术的采用、与航运业的关系、增值服务、与内陆运输方式的相互衔接、与内陆承运人的关系以及渠道一体化的实践与绩效[6]。

国内关于港口供应链管理方面的研究起步于 21 世纪初，主要成果有：封学军（2003）分析了我国港口物流业的发展环境，提出港口协同发展的两个方面，一是供应链的纵向协作一体化，发展和完善港口第三方物流服务；二是港口群的横向协作协同发展[7]。孙凤山（2004）通过分选供应链上重要节点，港口企业应该通过结成战略伙伴完成物流作业流程的重组，消除不增加价值的过程和时间，实现供应链成员的互利性、港口物流的准时性、敏捷性和客户的满意性[8]。雄彪、张富泉（2005）通过分析港口企业在物流供应链上的地位、作用及其现状，找出其在供应链发展中的瓶颈，提出提高港口企业核心竞争力的建议[9]。王玖河（2007）以整体最优为出发点，在三个目标基础上建立一个港口企业的集成供应链多目标规划模型，通过该模型可以将影响港口效率及通过量的众多因素考虑在内，计算出各个节点通过量以达到整个供应链的最优化[10]。阳明明（2006）分析了港口供应链的特点，介绍了香港港口供应链运作模式，并对提升珠三角港口竞争力提出四点建议[11]。杨霞芳、黄君萍（2007）分析了以港口为中心的全球供应链管理综合模式，提出了以供应链思想打造上海国际航运中心的思路[12]。俞宏生（2008）提出了港口服务型供应链的概念，并从供应链网络结构、供应链核心企业、港口供应链服务模式三个方面阐述了提高港口物流效率的重点[13]。李宁（2008）提出了港口物流服务供应链模式体系模型图，并提出了新模式的适用条件、注意的几个问题及港口供应链模式的发展趋势[14]。

近年来，国内学者将4PL运用于现代港口供应链发展的研究，但成果较少。主要有：张佳（2011）提出在港口物流中的第四方物流的虚拟型（根据市场机会利用不同合适的合作伙伴完成不同的供应链运作，事毕即散）、联盟型（建立较为长期稳定的战略联盟）两种运作模式[15]。梁世贞（2012）提出基于第四方物流理念的现代港口物流发展模式，加强港口面向供应链的信息平台建设，利用4PL对港口供应链合作伙伴进行选择，形成动态联盟，协调好利益机制与绩效评价等。显然，这方面的研究偏重于宏观和定性分析[16]。

总的来说，国外研究者关于港口供应链的研究比较深入，从简单模型到复杂模型，从定性分析到定量分析，从确定型到随机型，从战略到策略，都有较为丰富的研究成果。国内港口供应链管理方面的研究起步较晚，且偏重于从港口企业单链供应链的微观角度研究，而对港口整体供应链的构建、优化及多链协调方面的研究较少。

二、港口供应链的内涵和结构

港口供应链是指以港口集成物流服务企业为核心，以信息技术为手段，以系统集成化和协同化为指导思想，以建立战略合作伙伴关系实现共赢为目的，由上下游相关企业和机构所形成的紧密合作、服务型的社会网链结构。

港口供应链合作成员主要有以下几类：①港口供应链核心企业。港口供应链核心企业是规模较大、实力较强的供应链成员，往往是实力较强的第三方物流企业，如大型港航公司，经验丰富的供应链咨询公司等。这些企业掌握众多资源，有着较强的实力和丰富供应链经营经验，在港口供应链中处于主导地位。②港海物流企业。这类相关物流企业包括港口和腹地的仓储、装卸、转运、配送和流通加工等物流服务商，港口和船公司的服务对象都是货主，港口和船公司联合投资码头建设，已成为适应船舶大型化的一种新趋势。他们之间的合作是港口发展优质服务的必经途径。可构成四通八达的集疏运网络。对于提升枢纽港的经营能力和效益有着重要的意义。③其他运输方式提供者。港口主要运输方式除水运之外，还包括公路、铁路、航空和管道等。由于现在大部分集装箱运输是门到门的服务，使得海上、铁路和公路运输在港口、内陆集装箱货运站衔接起来，形成一个综合运输网络。对港口来说，凝聚和辐射功能的实现依赖其集疏运能力的大小，集疏运条件直接影响港口功能的发挥，是港口保证供应链畅通的重要条件。因此，港口应加强与各种运输方式经营者的合作。④口岸机构。顺畅的贸易渠道和信息渠道对于港口也是非常重要的，货物的通关效率对整个系统的效率产生很大的影响。因此，港口企业应该与海关、自贸区、保税区等口岸管理单位通力合作，不断提高供应链管理效率。⑤内陆节点单位。内陆节点单位包括港口腹地的采购商、无水港管理机构、货主、咨询机构等。港口与内陆节点单位进行合作，让其充当港口在内陆的代理者，可以扩大港口的服务范围。腹地或港口有物流需求的客户作为委托者向港口物流核心企业提出服务需求，核心物流企业整合各类港航物流服务商（仓储、包装、装卸、转运、加工配送、海陆空运输服务商等企业），完成客户委托的港海物流任务。港口供应链的基本结构如图1所示。

和传统的港口物流服务相比，港口供应链有着明显的优势，它以港口核心物流企业为供应链核心，联合腹地节点单位、力量，对从原材料到目的地客户的每个过程实现统筹管理，以整条链的力量赢得较强的竞争优势。主要作用在于：一是港海信息技术共享有利于企业集中核心业务，培育核心竞争力；二是具有专业化水平和相应的物流网络，形成规模经济效益；三是有助

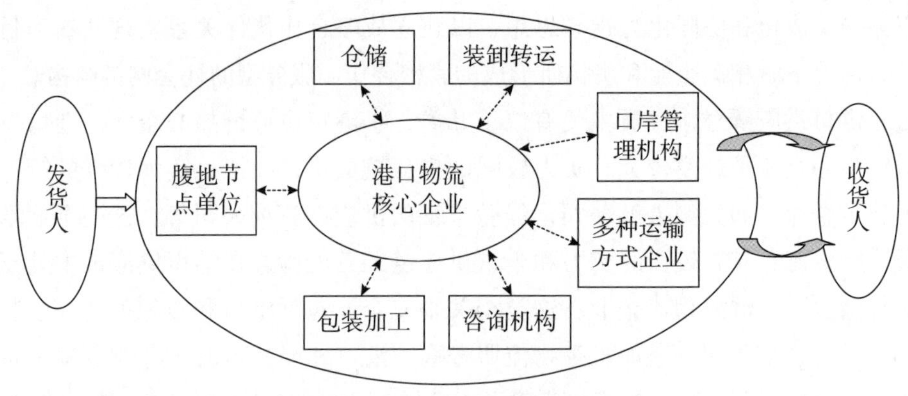

图1　一般港口供应链结构

于提高企业形象和拓展国内外市场。现代综合物流服务是一个庞大的系统工程，几乎没有一个港口能独立完成全部物流服务。所以，港口拓展其服务内容，就需要与其他众多的相关物流企业进行联合，走协同经营的道路。

当然港口供应链的运作过程中也存在着一些不足，一般港口供应链通过与自己有密切关系的外包商来为客户提供服务，主要关注的是物流交易双方的资源优化与配置，降低成本，加速资本周转，提升企业形象等问题，缺乏跨越多条供应链运作所需的战略专业技术。不能充分利用社会资源，提供的服务功能还仅限于物流领域，对于一些集成化、柔性化、敏捷化的高端服务能力有限，因而还不能适应第四代港口的需求。这就需要一个具有很强能力的领导力量整合更广的社会资源，这就是第四方物流企业。

三、第四方物流优化港口供应链的内在机理

美国学者约翰·盖特纳（2004）指出："随着组织从内协向以4PL为基础的外协发展，供应链发生了重大的变革，当3PL被业界普遍实行后，4PL已作为解决现代供应链挑战，提供最大利益的突破点日益显现出来[17]"。4PL作为最优供应链解决方案的集成商，有着杰出的资源整合能力和丰富的供应链运作经验，4PL之所以能为港口供应链发展提供有力支撑，是其具有系统优化和有效协同的内在优势所决定的，主要表现在：

1. 4PL为客户提供整体供应链服务

4PL公司以其知识、智力、信息和经验为资本，为客户提供一整套的供应链系统咨询服务，它依靠业内实力雄厚的3PL供应商、技术供应商、管理咨询

顾问和其他种类服务商，为客户提供独特的、广泛的供应链解决方案，帮助企业实现持续精益运作、降低成本，取得区别于传统的外包业务的真正资产增值。

2. 4PL 的整合协调能力更强，服务质量更高

在当今经济形势下，货主、托运人越来越追求供应链的全球一体化，以适应跨国经营的需要，跨国公司要集中精力于核心业务必须更多地仰赖于物流外包，基于此，他们不只是在操作层面上进行外协，而且在战略层面上也需要借助外界智囊的力量，以期能得到更快、更好、更廉的物流服务。4PL 一方面与客户协调，同客户共同管理资源、计划和控制生产，设计全程物流方案，与客户建立长期、稳固的伙伴关系；另一方面与各分包商协调，组织完成实际物流活动，充当着中间协调的作用，因此，4PL 提供的是一种全面的港口供应链解决方案，与传统的供应链外协相比较，4PL 的发展方案联结了 3PL 技术服务和业务管理等，为客户提供了跨功能的作业一体化和广阔的运作自治空间，为客户提供最接近要求的、最完善的服务。

3. 4PL 为港航企业提供协同性物流

如今先进的港航企业不仅是与同产业的其他企业竞争，而且还与流通渠道中相连接的不同产业领域的交易对手有不同程度的矛盾，也就是说，在围绕建立企业自身的物流系统优势的过程中，物流系统管理中的权利博弈正在广泛展开，4PL 提倡跨越流通渠道中企业间的对立，实施一种新的联盟型或合作式的供应链新体系，通过这种合作型的联盟体系来实现原来不可能达到的供应链效率，所创造的成果由各参与企业共同分享，使原来流通渠道上企业物流的对立走向协同经营的共生，这种共生型的供应链体制就是企业间在商品流转过程中所发生的各种管理活动中加强合作，实现供应链信息的共享，不但推进 EDI、ECR、QR、WMS 等 4PL 使用的比较成熟的物流管理技术，而且供应链高度整合管理的 CPFR 也在全球开始推进，推动供应链管理飞速发展。

通过以上对 4PL 优势的分析，发现其和港口供应链发展有较高的契合性：首先，从港口物流功能方面来说，港口供应链强调其在供应链中的角色定位以及与供应链上下游企业的互动，而 4PL 正是整合供应链集成与管理、现代供应链信息化的专家，必将对港口融入供应链及通过供应链提升服务水平产生强大助力。其次，从对港口供应链经济方面功能的要求来说，经济腹地辐射能力的强化，港口供应链枢纽基地的形成，都要求操控者必须对国内外经济、市场有足够的洞察力，并对机会和前景的形成与发展有足够的敏感性，而4PL在运营供应链以及咨询业务中形成的这方面的优势，必将极大推动港口供应链增值功能的实现。最后，港口供应链的发展会面临更多的新问题、新挑战，这是对港口创新能力的一种检验，4PL在提供不同供应链解决方案过程中所形成的创新优势，可以满足市场需求的新产品研发能力，不同生产环节的制造技术、营销策划技术等集成于港口供应链发展过程中，以应对多变的技术市场和需求市场，推动港口供应链不断创新和提升核心竞争力。

四、第四方物流对港口供应链的优化

1. 4PL对港口供应链联盟的整合与拓展

4PL的核心优势在于它对供应链资源整合的战略性与整体性方面。从系统价值理论的角度讲，实现4PL整合的核心与关键在于如何将某生产或服务活动对应的供应链资源进行系统化集成。这些资源包括系统所属各提供商的成员。4PL实现港口供应链系统的价值增值，必须在其资源整合策略引导下，一方面，对供应链各参与协作个体的物流、资金流以及信息流等硬环境因素的运作水平进行改善；另一方面，对协作个体的管理方式、组织结构以及业务流程等软环境因素进行有针对性的整合及变革，从而使生产服务活动的物流、资金流以及信息流等衔接顺畅，降低各主要因素的运作成本，提升运作效率。同时，也使得各成员的管理方式、组织结构以及业务流程等软环境因素的运作水平得到提高。和一般港口供应链相比，基于4PL的港口供应链的结构也发生了重要的变化，如图2所示。

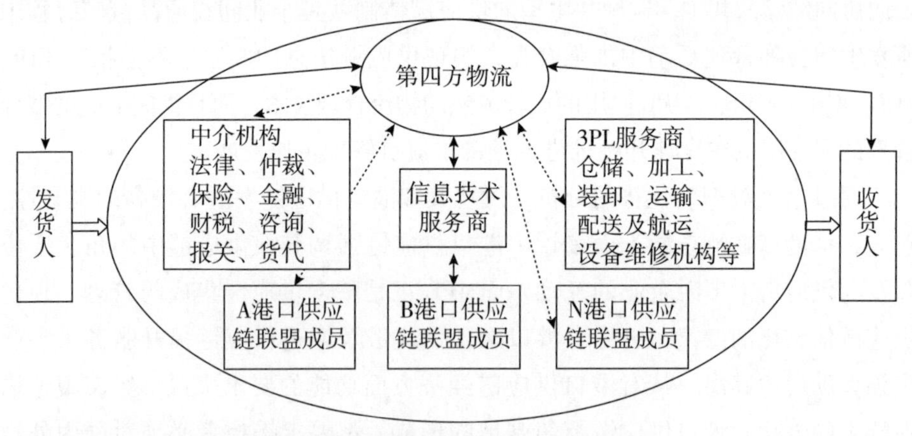

图2　基于第四方物流的港口供应链

从图 2 可以看出，基于 4PL 的港口供应链的成员范围更广，不仅有本港口的 3PL 服务商，还有一些有较高素质的中介服务商，如法律、仲裁、保险、金融、财税、咨询、报关、货代等，还包括一些信息技术服务商和航运设备维修企业。更为重要的是，4PL 的整合范围在空间上也从本港口扩展到与其港口联盟的其他能力服务商。在 4PL 构建的信息集成的基础上，采取股权或非股权的形式，共担风险、共享利益的联合行动，它以市场机会为诱因，能够快速重构资源互补、职能各异的港口动态服务联盟，按照客户要求为其提供最大价值的最优服务，同时实现港口供应链总利润和社会效益的最大。另外一般港口供应链都只强调其服务链，其成员只包括港口 3PL、信息技术等服务商，不包括制造业企业。随着港口中临港工业的比例不断增多，4PL 的成员或者客户也包括了不同行业的制造业企业。

2. 4PL 模式下的港口供应链运作流程的优化

港口供应链的运作是以顾客需求为起点的，供应链的服务能否充分满足顾客需求，取决于两个关键：一是对顾客需求的准确把握能力；二是上游供应链网络的供应质量。4PL 主导下的供应链的集成管理能有效地解决这两个关键问题。首先，供应链上游企业包括港口或腹地的原材料生产、部件加工或采购等企业，是供应链运作的输入和基础。供应链的采购与供应工作从属于核心企业以及下游客户的生产和消耗计划，并最终从属于顾客的需求。在 4PL 参与供应链集成管理之前，上游供应网络对顾客的需求和下游节点的生产和消耗计划了解不够或是滞后，往往形成不同程度的浪费。4PL 强大信息平台能够将供应链上的信息进行实时共享和监控，具备准确理解把握顾客需求的能力；4PL 协调上游供应网络的原材料生产和采购，利用实时监控技术，运行 ERP 准确地了解和监控节点企业的生产和消费计划，从而指导与优化供应链的采购与供应工作，保证了供应链输入的质量。其次，供应链的整体运作为 4PL 协调供应链的生产和服务能力提供了可能和便利，它可以综合协调利用 3PL 等功能服务商，有效解决不同供应链的交叉问题，能够按顾客需求连续、即时调整供应链上游成员的供货量来实施跨行业、跨港口的供应链集成性方案。用港口供应链整体资源或多链整合的资源提供对客户最优的服务，形成一个具有多维特征的、并行运作的流程，实施虚拟空间并行运作与实体空间并行运作的有机结合。在二维并行运作流程下，港口物流服务起始于客户的个性化需求，通过虚拟空间的并行运作而形成一体化物流服务方案。而实体空间并行运作流程的本质在于改变传统运作中资源配置与功能配置的模式，通过有效地组建集成任务模块而使相应流程的功能配置最优化，其最终目的是实现港口物流供应链的柔性化运作，提高港口物流运作效率，改善港口物流服务水平，提高港口物流功能的可靠性。

3. 4PL 提升港口供应链的智能性

智能物流是第四代港口的重要特点，是一种面向服务、高效智能和集成的现代物流运作模式，智能物流的运作包括供应链管理、专业化分工、虚拟物流等管理技术，还有云计算、物联网、语义 Web、高性能计算、数据挖掘等信息技术。功能主要内容包括：信息服务、客户服务、资源管理、交易过程管理、协同管理、决策分析、政务管理及系统管理等功能模块。基于第四方物流的港口智慧物流运作模式的资源包括第四方物流信息平台、可视化物流过程管理网络、智能化配送中心、数据分析应用中心、技术资源、人才资源与外部资源等方面。其中，第四方物流信息平台是智慧物流的基础资源，主要为智慧物流运营过程中的物流服务与需求信息发布、物流集成方案的制订及物流执行过程查询等提供资源服务，主要包括货物资源、运输资源、订单资源、仓储资源、设备资源以及 4PL 平台所需的信息资源库；可视化物流过程管理网络是为物流服务交易流程和控制提供资源服务，主要是应用 GPS、RFID、传感等技术，通过数据中心实现对物流过程的实时车辆定位、运输物流监控、在线调度与配送的可视化管理；智能化配送中心是为物流的执行过程提供资源服务，应用智能交通系统（ITS）以及传感、RFID、声、光、移动计算等先进技术，建立自动化物流配送中心，可完成配载计划、运输路线和车辆调度的决策，通过智能配送，可有效地对车源、货源进行重组，充分利用运输工具的定额能力，减少空载率和不满载时间，降低物流企业的销售成本，提高物流企业自身的效率和管理水平；数据分析应用中心为智慧物流提供决策资源，是物联网时代的智能化重要特征。它将采集的信息经过复杂的深加工，再反馈到系统的各个部分，做出协调、优化的应对措施。除此之外，数据分析应用中心还可完成微观物流信息预测和宏观物流统计分析，通过建立物流业务的数学模型和运用数据挖掘技术，为港口物流行业管理和决策服务，提升物流预测与决策的准确性，以及政府及相关部门决策的科学性，同时，也可为用户在预测、规划、方案评估等方面提供决策支持；技术资源主要为智慧物流提供技术方面的资源服务，主要包括移动网格定位技术、自动识别技术、物联网技术、货物跟踪技术、物流运营技术、智能终端、云计算以及信息管理技术等；人力资源的资源结构主要包括管理、技术、市场等各方面的人才，所需要的各类港航人才可以分布在各成员企业中，也可以是高校、科研机构或其他行业企业的人才；最后，智慧物流运行模式资源视图中还包括一些外部资源，它主要是为智慧物流提供增值业务服务的组织或系统，包括电信、海关、银行、ITS、政府、行业协会等，通过政策强制、授权、合作、联盟、共享等方式与智慧物流进行信息交换和资源共享。

4. 4PL 促进港口供应链的绿色化

美国国家科学基金资助的密歇根州立大学的“环境负责制造”研究项目组于 1996 年最早提出了绿色供应链的概念，认为绿色供应链管理是为了环境友好而在设计、采购、生产、分销、使用及再使用等在供应链内采取的管理策略、行动及所形成合作关系等[18]。进入 21 世纪，我国学者将绿色供应链理论运用于国内港口供应链的运作中，在参考前人研究成果的基础上，本文认为，港口供应链绿色化的含义为：以资源循环理论和先进的供应链管理技术为基础，通过产品设计、采购、生产、包装、运输配送、消费和逆物流等各环节，保护环境，节能降耗，从而实现港口经营效益提高、资源节约和环境友好的三维目标。一般港口供应链主导成员整合资源的能力和范围有限，无力实现港口供应链运作的绿色化，而 4PL 依据强资源整合力量和较为先进的低碳技术，致力于供应链组织的重组产品的再设计，实现资源的减量化、再循环和多重利用，进一步提升港口供应链的绿色增值能力。

4PL 实施绿色港口供应链管理的基础性流程和基本功能，主要流程如图 3 所示。

4PL 推进港口供应链绿色化主要内容：①绿色设计。基于环保的产品结构设计，材料选择，制造环境设计、回收循环利用设计等，是港口供应链绿色管理的关键。②绿色采购。优先选用可回收再生、低消耗、无污染的原材料及零部件。③绿色制造。实现清洁生产，使产品和包装做到“3R1D”，Reduce（减量化）、Reuse（回收重用）、Recycle（循环再生）和 Degradable（可降解）。④绿色仓储、运输和配送。设计大规模 VRPFD 的局部车辆协作策略，共同配送、减少运输驾次；优化仓储管理、实施多式联运，提高物流设备使用效率；控制汽车尾气排放，完善交通设施。⑤构建逆向物流管理体系。4PL 利用多行业共同服务链接者的身份，能够将逆向物流纳入港口供应链管理计划，注意根据产品及零部件的材料结构、回收处理成本与回收价值确定出最佳的回收处理方案，在实施正向物流的同时完成逆向物流。通过有效整合多家企业的逆向物流需求，进行逆向物流各环节（废弃物的处理、退换货、回收再制造等）的活动，形成规模效益，以最大限度地降低成本、提高港口供应链逆向物流的效率。

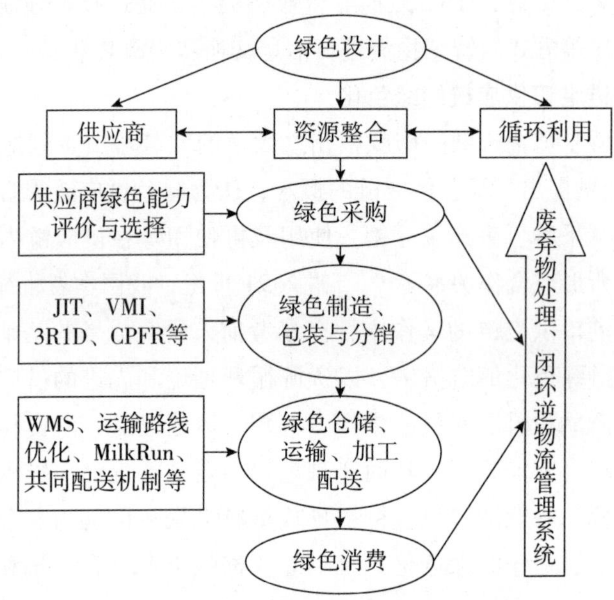

图3　4PL 港口供应链绿色管理基本模式

五、结语

现代先进港口的本质是先进供应链的管理，港口供应链的构建和优化是极其重要的港口发展的战略取向。港口供应链是指以港口集成物流服务企业为核心，以信息技术为手段，以系统集成化和协同化为指导思想，以建立一种紧密合作战略合作伙伴关系，实现供应链中信息流、物流、资金流的畅顺流动，形成共赢目的的动态网链结构。港口供应链合作成员主要有港海物流企业，包括港口和腹地的仓储、装卸、转运、配送和流通加工等物流企业，还包括其他运输方式提供者如公路、铁路、航空和管道等 3PL 服务商。港口与物流链上的其他相关物流企业是一种相辅相成的关系。口岸单位和充当港口在内陆的代理人内陆节点，和传统的港口物流服务相比，港口供应链有着明显的优势，它以港口核心企业为供应链核心平台，港口企业将提供产品或运输服务的供货商及用户纳入管理范围，形成联合力量，对从原材料到目的地客户的每个过程进行统筹管理，以整条链的力量赢得较强的竞争优势。

一般港口供应链对于一些集成化、柔性化、敏捷化的服务能力有限，尤其是在开拓国际市场的策划、金融、保险、快速通关等高端服务方面能力不足，因而不能完全适应第四代港口的需求。4PL 有杰出的资源整合能力和丰富的供应链运作经验，以及系统优化和有效协同的内在优势，为港航企业提供多链协同的物流配送，对港口融入供应链及通过供应链提升服务水平产生强大助力，为港口供应链发展提供高端服务的支撑，推动港口供应链增值功能的实现。

第四方物流对港口供应链的优化主要表现在：一是对港口供应链联盟整合资源范围的拓展，成员分布在多行业、多港口。二是对港口供应链运作流程的优化，有效解决供应链的集成管理这两个关键问题，即一方面借助强大信息平台实现对顾客需求的准确把握；另一方面综合协调利用 3PL 等功能服务商，按顾客需求构建具有多维特征的并行运作流程，实施跨行业、跨港口的供应链集成性方案，提供给客户最优的服务。三是提升港口供应链的智能性。第四方物流通过信息平台、可视化物流过程管理网络、智能化配送中心、数据分析应用中心、技术资源、人才资源与外部资源等措施，为港口智慧物流提供增值业务服务，通过政策扶植、授权、合作、联盟、共享等方式进行信息交换和资源共享。四是促进港口供应链绿色化的发展。4PL 依据强大的资源整合力量和较为先进的低碳技术，致力于港口供应链全程的低碳设计，实现资源的减量化、再循环和多重利用。主要内容包括基于环保的产品结构设计、绿色采购，优先选用可回收再生、低消耗、无污染的原材料及零部件，实现清洁生产、绿色仓储、运输和配送以及构建逆向物流管理体系等，从而实现港口快速发展和环境和谐的完美统一。

参考文献

［1］ OLIVER R K，WEBBER M D. Supply chain management：Logistics catchesup with strategy ［M］. London：Chapmanand Hall，1982：116－120.

[2] DONG WON YI, SOUNG HIE KIM, NAK HYUN KIM. Combined modeling with multi - agent systems and simulation: its application to harbor supply chain management [C]. Proceedings of the 35th Hawaii International Conference on System Sciences, 2002.

[3] TAE - WOO LEE, NAM - KYU PARK, DONG - WON LEE. A simulation study for the Logistics Planning of a container terminal in view of SCM [J]. Maritime Policy & Management, 2002 (3): 243 - 254.

[4] ROSS ROBINSON. Ports as elementsin value - driven chain systems: the new Paradigm [J]. Maritime Policy & Management, 2002: 73 - 79.

[5] DONG - WOOK SONG, PHOTIS M. PANAYIDES. Global supply chain and port/terminal: Integration and competitiveness [C]. International Conference on Logistics, Shipping and Port Management, 2007.

[6] PEGGY D LEE. Port supply chains as social networks [J]. Service Operations and Logistics and Informatics, 2006: 104 - 108.

[7] 封学军. 我国港口物流业的发展环境及协同发展策略 [J]. 海洋开发与管理, 2003 (3): 38 - 41.

[8] 孙凤山. 现代物流供应链中构建港口企业战略伙伴关系的刍议 [J]. 集装箱化, 2004 (1): 21 - 22.

[9] 熊彪, 张富泉. 浅析港口企业在供应链上的核心竞争力 [J]. 港口装卸, 2005 (3): 33 - 35.

[10] 王玖河, 夏炎. 港口企业集成供应链模型研究 [J]. 燕山大学学报, 2007 (3): 148 - 153.

[11] 阳明明. 香港的港口服务型供应链 [J]. 中国物流与采购, 2006 (10): 56 - 58.

[12] 杨霞芳, 黄君萍. 以供应链思想发展港口物流 [J]. 交通企业管理, 2007 (3): 52 - 53.

[13] 俞宏生. 构建港口服务供应链提高港口物流效率 [J]. 港口科技, 2008 (5): 1 - 3.

[14] 李宁. 我国港口为核心的供应链物流服务模式探讨 [J]. 才智, 2008 (8): 142 - 143.

[15] 张佳. 港口物流中的第四方物流运作模式研究 [J]. 商品与质量,

2011（9）：45.

［16］梁世贞．基于第四方物流的现代港口物流发展模式研究［J］．物流科技，2012（9）：96－99.

［17］JOHN GATTORNA. Strategic supply chain alignment［M］. Gower Pub Co，1998：95－112.

［18］HANDFIELD R B. Green supply chain best practices from furniture industry［C］. Proceedings of Annual Meeting of the Decision Science Institute USA FL Orlando，1996：1295－1297.

物流人才教育篇

借鉴德国职业教育经验为职业学校物流课程进行行动导向教学设计之初探

解凌竑

（北京市商业学校，北京，102209）

摘要：“行动导向”是德国职业教育教学设计的核心原则，对我国的职业教育课程教学也有很大的影响，既是我国学习国外职业教育先进经验的主要领域，也是我国这些年职业教育课程教学设计改革的重要方面。物流专业课是实践性很强的课程，若单纯地进行理论教学，容易使学生产生枯燥、厌学情绪，不利于调动学生的学习积极性。如果以行动导向为原则进行物流课程教学设计，将学生作为课堂教学中的主体，在教学活动中创设真实情景，充分调动学生积极参与教学活动，不但能大大地提高学生的学习兴趣，而且能有效地提高学生专业技能。

本文借鉴德国职业教育经验，以为职业学校物流课程进行行动导向教学设计为论题，充分阐述了笔者2010年10月至11月赴德国学习物流专业课程教学设计后，根据职业学校物流专业课程内容和学生特点，以职业能力培养为重点，与行业企业合作进行典型工作任务调研与分析后，大胆提出职业学校物流课程行动导向教学设计的构想。

关键词：行动导向；教学设计；德国职业教育

行动导向教学是20世纪80年代德国职业教育改革的重要成果，在德国已经被普遍接受和推广，是德国职业教育教学设计的核心原则。德国职业教育为德国经济发展提供了大批高质量的技术工人，为德国第二次世界大战后创造经济奇迹提供了“强劲动力”，而行动导向教学设计则被誉为德国职业教育的“锐利兵器”。正因为以行动导向教学设计开展的专业课程对于培养人的全面素质和综合能力有着重要的作用，因此行动导向教学设计成为我国学习国外职业教育先进经验的主要领域，也是我国这些年职业教育课程教学设计改革的重要方面。

一、行动导向教学设计的主要内容

行动导向是一种教学过程设计的重要原则，它强调学习者实际工作能力和解决问题能力的提高。独立自主地进行包括计划、实施和检查在内的职业工作或解决日常生活中的问题，是行动导向教学设计的目标。行动导向教学设计是一种新的课程教学设计理念，它的学习内容来源于学生的生活情境与职业工作，该教学设计要求课程将理论与实践紧密结合，要求学生根据真实的、复杂的行动进行学习。行动导向教学设计所使用的教学方法主要包括大脑书写法、思维导图法、参观博物馆法、角色扮演法、案例教学法、沙盘模拟教学法、项目引导法等，它以职业活动为依托，手脑并用，理实一体。行动导向教学设计要求课堂以充分考虑学生为前提，突出学生主体地位，学习要指向学生的需求、兴趣，要激发学生学习的动机，让学生主动投入到学习过程中去，形成与情境相连的社会性学习。其优点是由学生独立地解决由本人或教师提出的课题，教师在适当的时候给予帮助。特征是学生的自我活动占主导，提高掌握知识技能的效果，形成良好的学习态度和习惯，提高自学能力。

二、传统教学模式向行动导向教学设计的转变

教师如何转变传统的教学模式，真正以行动导向教学设计开展专业课程？创造和运用新的教学设计方法来适应新的教学环境自然成了目前的一项基本任务。

首先，教师地位需要转变。教师不仅是学习者与知识的中介者，更重要的是作为学习伴随者参与到学生的学习过程中，帮助学生顺利达到学习知识、获取技能的目标。同时，在过程中激励学生开展团队合作、实现有效沟通。在实际教学过程中，教师设计教学过程，创设情境，协助学生完成工作任务，为学生总结必备的知识技能。教师要通过评价激发学生的学习兴趣、学习自信心、进取心和成功欲望，创建民主、平等和情感双向交流的学习氛围。

其次，转变课堂教学方法。行动导向教学设计的教学方法绝不是孤立存在的，它与教学的其他环节构成了相辅相成的整体，相互制约、相互影响。

德国先进的“行动导向”的模式为优化教学过程、发挥学生的主体作用提供了很好的解决方案。要努力为学生提供体验完整工作过程的学习机会，经历确定任务—制订工作计划—实施计划—进行质量控制与检测—评估反馈整个工作过程，增强学生适应企业的实际工作环境和解决综合问题的能力。行动导向教学方法，完全不同于传统的书本知识教育，摆脱书本、课堂的制约，学生自由分组、合作在教师指导下共同实施某个项目，小组成员团结、协作，师生关系发生根本的变化，教师是指导者、协调者，整个教学活动学生都处于积极的参与状态，而不是被动地接受。[1]

三、职业学校物流课程行动导向教学设计实施的条件

先进的物流课程教学设计要想发挥其作用脱离不了相应的实施条件，教学条件调查是开展行动导向教学设计的前提条件，是后续各项教学设计的第一步。完整的教学条件应该包括：学生条件、学校的教学条件、合作企业的条件、地区条件。

笔者在职业学校开展物流课程教学以来，将职业学校物流课程教学条件归纳如表 1 所示：

表 1　　职业学校物流课程行动导向教学设计实施条件调查

调研内容	调研结果
班级人数	40 人左右
专业课学习时间	二年
教师情况	多数具有企业工作经历的“双师型”教师
教室	多媒体教室、实训中心、机房
实训条件	物流模拟软件系统、物流实训设备
学生知识准备	完成物流专业基础课程
合作企业	多家稳定的合作企业
学校教务处	满足课程安排
实践形式	校内实训、校企合作、工学交替

经过对教师、学生、教室和软硬件配置、学校和合作企业调研分析之后，职业学校具有按照行动导向教学设计开展教学的条件。

四、职业学校物流课程行动导向教学设计的教学目标

（一）知识目标

通过物流专业课程学习要求学生了解物流采购、运输、配送、仓储、客户服务、信息处理、装卸搬运等各项物流业务全过程，这样才能够为开展物流各项具体业务打下扎实基础。同时，要求学生了解、熟悉、掌握各项物流企业的典型工作业务知识，物流课程的知识学习必须紧密围绕物流企业的典型工作开展。

（二）能力目标

物流企业典型工作业务包括货物装卸、物流单证制作、货物仓储保管、商品采购、货物配送等，物流课程以“工作过程为导向”为开发思路，因此要通过教学使学生获得货物装卸、运输单证制作、费用计算、商品采购等的业务执行能力，获得从事各项物流业务工作的能力。

（三）情感、态度、价值观目标

物流业务是一项艰苦的业务，同时需要从业人员具有很好的团队合作精神。职业教育与职业培训最根本的区别就在于，除了培养学生的职业能力以外，职业教育还更加注重学生职业精神的培养，针对物流业务的特点，物流课程还应该培养学生的团队合作精神、吃苦耐劳意志。

职业学校物流课程行动导向教学目标如图1所示。

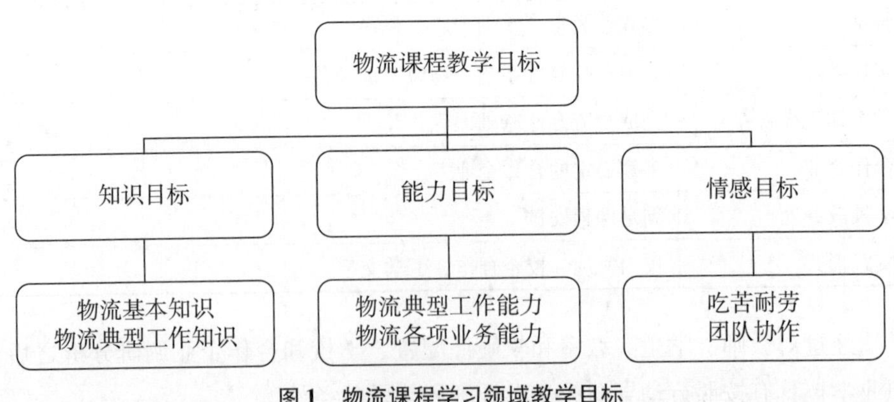

图1　物流课程学习领域教学目标

五、职业学校物流课程行动导向教学设计的教学方法

行动导向教学设计的关键是根据学生情况选用科学的教学方法来激发学生的兴奋性、主观能动性，促使学生积极参与教学过程。行动导向教学设计强调以学生为中心，以能力、个性为本位，在教师的行为引导下，通过多种不定型的活动形式，激发学生的学习热情和兴趣，使学生主动地使用脑、心、手进行学习。为了更好地完成行动导向教学设计，在物流课程的教学中，经过教学实践，在参考德国同行有益经验的基础上，逐渐摸索出一套比较适应物流课程行动导向教学设计的教学方法，其特点是：在教学过程中充分发挥学生的主体作用，激发学生的思维兴奋点，使学生变被动地听为积极地想，大大改善课堂气氛，使教与学相促相长。下面具体介绍几种适合职业学校物流专业开展行动导向教学设计的教学方法：

（一）大脑书写法——观看录像导入新课，发现问题并探寻解决

在职业学校物流课程的教学中，每进行一个新的知识点学习前，可以充分利用学校的多媒体设备，让学生先观看相应的教学录像，引发学生对即将学习的内容产生思考，对即将学习的新内容有一个比较直观的认识后，再进入课堂的理论教学。通过要求学生观看教学录像，也可以引导学生逐步发现录像中的物流活动存在的问题，激发学生想办法解决问题的探寻欲。

（二）角色扮演法——让学生参与仿真职场活动

介绍物流公司典型工作流程，如果用讲授法来讲课，容易使学生觉得乏味。但同样是这些内容，换成学生参与的仿真职场活动，情况就大为改观。例如，讲到物流运输中的货物报损时，可先为学生设计一个虚拟的物流运输情景，给学生进行具体的角色分工，布置学生扮演仿真物流运输情境中的具体角色。要求学生尝试处理虚拟情景中的货物报损问题，然后组织学生讨论角色扮演中存在的问题，进而引导学生逐步分析得出规范的物流运输货物报损流程。当然，这种教学方法要达到预期的教学效果，还需注意以下几点：

（1）由学生扮演的虚拟情景，角色应难度不大，绝大部分问题学生能自行处理或经提示后能处理；

（2）引入竞争机制，在角色扮演中表现较好的同学，在平时成绩里实施

加分奖励；

（3）教师在上课时要有节目主持人的气质，善于控制课堂气氛、调动学生情绪；

（4）参与虚拟情景表演的同学尽量不要太集中，最好能常换。

（三）思维导图法——将学生的思路展现出来

课程中如“集装箱的选用”等内容，用讲授法来讲课，一定会枯燥无味且难以使学生明白。根据行动导向教学设计原则，可以事先做好多媒体课件，从网上找一些集装箱图片及数据列表并打印出来。上课时让同学们分成几个小组，每组发几张有关不同种类集装箱的图片和数据列表，然后要求学生根据每种货物的特征，分别指出每一种货物所适合选用的集装箱，研究选用该集装箱的原因、方法等，然后将集装箱的选用步骤用书写卡片的形式展现在教室的白板上。这样有效地利用行动导向的思维导图教学方法，使学生的学习更主动，也能使学生在对图片的观察及分析讨论中更好地掌握知识。

（四）参观博物馆法——让学生当一次“讲解员”

职业学校的学生在进入物流整车运输课的学习之前，可以安排去企业参观一次，回来之后要求学生分小组将参观调研到的关于整车运输的内容制作成展板，要求学生充分利用教学挂图，先把物流整车运输教学的重点给同学们作讲解，然后请其他小组的成员做好记录笔记，最后组织全体学生围绕该小组所介绍的内容进行讨论，有的同学还边示意动作边谈整车运输的技术问题等，这样既能让同学们进一步熟悉和掌握整车运输的知识，又让他们感受到实习的重要性，并借此对整车运输中的注意事项再作强调，以便学生在以后的工作中更加规范整车运输业务。

（五）沙盘模拟法——分组游戏中促进知识的理解

职业学校物流专业应当开发适合自身行业背景的专业课程，而物流成本核算非常适合商业类职业学校。在教授物流成本核算课程时适宜采用沙盘模拟教学法，首先将学生进行分组，每组学生得到一张关于物流成本推测的沙盘游戏纸，小组按照沙盘游戏的规则逐步开展沙盘游戏，最终游戏结束时使用物流成本最少的小组视为优胜。将复杂的理论转化为沙盘游戏进行教学，让学生在游戏中体会学习知识的快乐是沙盘游戏法的精华所在。表 2 所展示的就是沙盘游戏所使用的沙盘游戏纸。[2]

表 2　　沙盘游戏纸

工作页“游戏表”									
姓名：______		班级：______		日期：______		地区编号：______			经理：______
经济形势	周期	起始存量	新增存量	分配订单	交付量	终止存量	库存费用	订货费用	利润损失
正常	1							……	……
正常	2							……	……
正常	3							……	……
正常	4							……	……
					合计		合计	合计	合计

六、职业学校物流课程行动导向教学设计的教学任务

在此阶段，教师确定教学任务，说明学生在其中主要能做什么，能学什么。教学任务是能力目标的具体化。教学设定的任务非常重要，不管设定什么样的能力目标，都是在完成任务的过程中培养出来的。在描述中要明确完成任务后学生学会了哪些技能。

给学生描述任务要遵循以下原则：

（一）任务描述浅显易懂

由于学生知识文化较低，教师在描述任务时应当尽量浅显易懂，只有学生明白了教师到底要他们干什么，才有可能按照教学安排完成相应的任务，才有可能培养出相应的职业能力。

对于物流课程的教学任务安排而言，教师在布置任务要求时应当以“公司经理”的口气提出，以优化公司物流业务的角度来要求，但在学生完成教学任务时却要以一个专业人员的身份加以指导。

（二）任务描述要将能力目标转化成学生能够理解的任务表现出来

例如，不要将物流课程教学任务描述的能力目标写成“你要有堆码能

力”，学生理解不了这样宽泛的概念，而是要转化成“你如何将货物堆放到指定的货位”。

那么，我们如何设置行动导向的教学任务呢？以下面的例子来说明。

北京一家从事整车运输的物流企业由于业务需要在职业学校物流专业招聘了一批物流管理专业的学生，你有幸成为该公司的一员。但经过一段时间的实习以后，你发现该公司的发送站业务存在一定问题，老板给你一个改革公司现有发送站业务流程的机会，请你结合所学，动手为该公司设计一套合理的发送站业务流程。

结合本案例要求具体任务安排如下：

（1）实践对客户的热情接待；

（2）设计发送站的功能性任务流程；

（3）动手实践发送站装卸搬运任务的操作；

（4）计算运费，并制作单据给客户；

（5）对出库货物的台账处理。

七、职业学校物流课程行动导向教学设计的教学资料

职业学校物流课程行动导向教学设计的教学资料可以包括三部分的内容：课外补充资料、学生自主学习资料和典型工作资料。各部分资料与所选教材、教参相互弥补配合，共同构成物流课程行动导向教学设计的教学资料体系。

教材、教参是本门课程学习领域教学材料的主体部分，教学理论内容主要出自教师所选用的适合中专学生知识体系的教材和教参。教材、教参是行动导向教学设计中的教学材料主干。

但行动导向教学设计的材料不能只包含教材、教参，更重要的是教师补充更多的资料。职业学校物流课程教学材料的特色是：首先，为学生补充大量学生能够看得懂而课本上又没有的内容作为本门课程的课外补充材料；其次，为了帮助学生自主学习相关的物流知识需要教师为学生设计必要的学生自主学习材料，这样才能有效组织学生积极主动参与课堂学习；最后，根据物流行业的典型工作，可以为学生设计一份交互式的学习材料，这些是学生完成以工作过程为导向的工作任务中所需要的。物流课程行动导向教学设计所用教学材料如表3所示：

表3　　物流课程学习领域所用教学材料

物流教学材料调查表	企业招聘信息统计表
企业提出的任务列表	设计方案的理由说明表
物流业务流程图	工作任务交接记录单
学习情境设计表	教学评价表

八、商校物流课程行动导向教学设计的教学过程

（一）德国职业教育课堂教学

德国职业教育的课堂教学，每一堂课的教学任务很明确。师生没有现成的教科书，只有教师课前准备的基于本堂教学任务的相关资料。大体授课步骤如下：

第一步：课堂导入。多以与本堂课教学任务紧密联系的案例和游戏导入课堂教学，形式新颖，用以激发学生的好奇心。

第二步：布置任务。引发学生独立思考，明确本堂课需要完成的学习任务。

第三步：完成任务的方法和程序。课堂教学方法灵活，教具多样化，激发学生学习兴趣，促使学生保持活跃的思维，不感到疲惫和厌烦。如沙盘模拟、拼图法、案例分析教学法等。

第四步：学生熟悉信息。利用教师课前准备的资料，由教师引导学生自主学习，在教学互动中使学生掌握本堂课所要掌握的知识和方法。

第五步：学生独立工作。利用所学，学生根据能力大小，完成相应的必做题、选做题和高难题，使学生满足不同层次的学习需求，获得不同程度的能力。

第六步：问题反馈。有助于教师及时掌握学生对所学知识和操作方法的掌握程度，存在的问题，给予重新指导，改进教学方法。

第七步：总结。概括本堂课必须掌握的知识、技能和方法。

由此可见，德国课堂教学中教与学互动良好，课堂气氛活跃，处处体现“以学生为中心”的教学理念。不仅注重学生专业知识和能力的培养，还注重学生个人能力、社会能力、学习能力和方法能力的培养。

德国课堂教学评价一堂课的好坏不在于信息量的大小，而在于学生获得了何种能力。一堂好课最重要的是激发学生的兴趣和热情，每个学生都能充分发挥自己的能力，小组合作获得成功，每个学生都充满激情和快乐。

（二）借鉴德国职业教育经验为商校物流课程设计教学过程

德国先进的行动导向教学设计为发挥学生的主体作用设计了很好的教学过程。要努力为学生提供体验完整工作过程的学习机会，经历确定任务—制订工作计划—实施计划—进行质量控制与检测—评估反馈的整个工作过程，增强学生适应企业的实际工作环境和解决综合问题的能力。行动导向教学设计完全不同于传统的书本知识教育，摆脱书本、课堂的制约，学生自由分组、合作，在教师指导下共同实施某个项目，小组成员团结、协作，师生关系发生根本的变化，教师是指导者、协调者，整个教学活动中学生都处于积极的参与状态，而不是被动的接受者。结合德国先进经验，可以为职业学校物流课程设计一个完整的行动导向教学过程。

1. 教师为学生提供物流企业任务信息

教师首先应该将物流企业的任务信息明确地发给每一个同学，留两分钟时间让学生看明白，然后通过问题引导学生逐步确定物流工作任务的内容。

2. 分组讨论，制订完成物流工作任务的工作计划

给学生分配不同的任务小组，让学生结合前面所学到的物流基础知识，明确此次的活动任务，然后根据活动任务的要求制订出完成该任务的计划。

3. 小组按照任务计划开展活动完成任务

在得到明确的任务计划同时，要求学生以小组实施自己制订的计划，按照计划的内容完成教师下发的任务。

4. 小组进行质量控制与检查任务完成情况

学生在完成课堂教学活动以后，可根据教师下发的任务书进行必要的分析比较，检查自己小组任务完成的情况，并且要求学生询问自己是否专业准确地完成了任务书所规定的任务。

5. 教学过程考核与评价

教师对学生的设计方案和操作结果予以评价，并组织学生对自己的表现进行自评和互评，以评价促进学生的提高。学生在教师的引导下，逐步分析得出自己小组在工作任务完成过程中存在的问题，找到下次改进的方向。

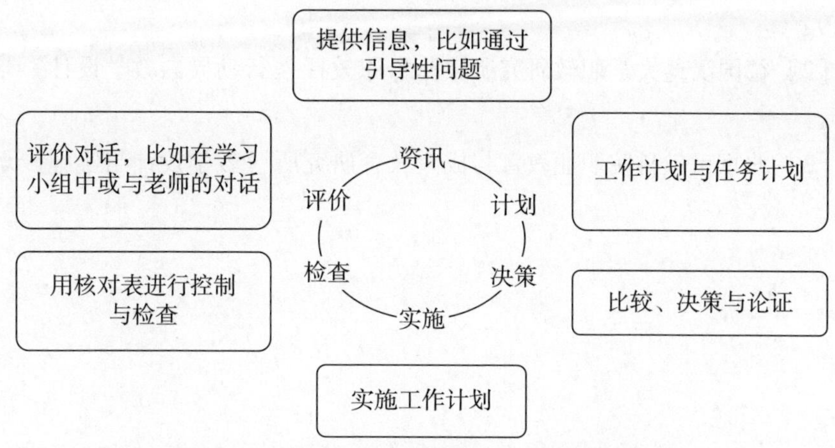

图 2　师生角色在课堂教学过程中的做与学

九、结束语

笔者根据自己赴德学习的成果，借鉴德国先进的教学经验，为职业学校物流课程教学按行动导向原则进行教学设计，形成自己的教案。该教案一方面是为了保证笔者在教学课程的实施环节能做到有章可循、有法可依；另一方面，笔者的教案还应该让其他教师能够看得懂，同时可以推广开来，为其他教师在从事同一个专业课程时能够得到借鉴。

实践证明，行动导向教学法在物流课程的教学中已初步显示出了它独特而诱人的魅力，学生的学习兴趣被极大地激发了，课堂氛围变得积极、活跃、和谐，教师的教学热情高涨，学生的专业能力、社会能力、个性能力和方法能力也不断地得到了提高。只要在物流专业课的教学中充分利用行动导向教学设计，努力做到理论与实践相结合，充分发挥老师积极的主导作用和学生主观能动的主体作用，并使之紧密结合，彼此促进，就能达到预期的最佳教学效果。总之，积极采用行动导向的教学设计，充分发挥学生在学习中的主体作用对提高教学效果是很有益的，职业学校物流专业应进一步探索和推广。[3]

参考文献

［1］行动导向的教学方法理论与实践（同济中职骨干教师国家级培训

讲义）。

［2］德国汉堡大学职教研究所滕菲尔德教授《行动导向教学设计》培训材料。

［3］北京市教科院职业教育与成人教育研究所《教学设计与实施》培训材料。

行业需求导向下的应用型物流人才培养实践与探索

徐德洪

（西安外事学院商学院，西安，710077）

摘要：物流行业的蓬勃发展和高校物流毕业生就业层次、就业率偏低形成鲜明对比，要解决这个问题就必须调整传统物流人才培养思路，以行业发展需求为导向培养应用型物流人才。本文结合西安外事学院的培养实践，阐明了应用型物流人才的培养思路和具体做法，为新时期物流人才的培养提供了借鉴和参考。

关键词：物流行业；应用型物流人才；培养实践

一、物流产业的蓬勃发展与人才培养的脱节

随着全球贸易一体化和中国经济社会的转型发展，以物流业为代表的现代服务业呈现出蓬勃发展的态势。仅以 2012 年为例，据中研普华《2013—2017 年物流行业全景调研与投资策略研究咨询报告》显示，2012 年中国物流业实现平稳适度增长，2012 年全年社会物流总额 177 万亿元，同比增长 9.8%，全国物流业增加值为 3.5 万亿元左右，同比增长 9.1%。

在后金融危机时代，中国政府陆续出台了相关政策和措施，保障物流业的快速、健康发展，比较有代表性的有：2009 年把物流业作为现代服务业的唯一代表列入了《国家十大产业振兴规划》；2011 年，结合国内物流业发展存在的障碍问题，非常有针对性地出台了物流“国八条”；2013 年最具代表性的事件就是阿里巴巴创始人马云在辞任 CEO 后，高调宣布分两期总投资 3000 亿元进军物流业，这无疑是未来中国物流业发展利好的风向标。

物流行业的快速发展，必然带来对物流人才的极大需求。我国物流专业

尚属一个新专业，正式被教育部列入正式专业发展建设才10余年时间。这10余年间分别有420余所本科院校和800多所高职院校开设了物流管理或工程专业，人才培养总量超过150000人之多。但这与整个行业的发展年需求35万人还存在较大缺口。进一步分析物流企业和高校毕业生就会发现一个很有趣的“两难”现象：一方面是广大物流企业的从业人员物流专业出身的很少，在招聘时也很难招到理想的专业人士；另一方面超过50%以上的物流类专业毕业生毕业后不愿意也没有从事专业相关工作。究其原因在于我国目前物流人才培养与行业发展形成的需求存在较大脱节。要解决这个问题就必须调整传统的物流人才培养思路，以行业发展、企业岗位需求为导向培养应用型物流人才。

二、应用型物流人才内涵及其特点

（一）应用型人才的内涵

按照联合国教科文组织1997年颁布的世界教育分类标准，与普通高等教育培养学术型、工程型人才相对应，高等职业教育培养高等技术应用型人才。所谓应用型人才是指能将专业知识和技能应用于所从事的专业社会实践的专门的人才类型，是熟练掌握社会生产或社会活动一线的基础知识和基本技能，主要从事一线生产的技术或专业人才，其具体内涵随着高等教育历史的发展而不断发展。

（二）应用型物流人才的特点

与其他类型人才相比较，应用型物流人才培养主要有以下特点：

1. 紧跟物流行业发展，以信息技术应用和供应链管理能力培养为核心

对照应用型人才的内涵特点可以看出应用型物流人才应当是紧跟物流行业的发展，直接对应企业职业岗位需求。同时现代物流管理的核心及其发展趋势决定了，在物流人才的培养过程中还必须注重信息技术的应用和供应链管理能力的培养。

2. 突出强调实践操作技能的培养

应用型物流人才是为生产管理一线培养的专业人才，因此在培养过程中除了必要的基础理论知识外（特别强调基础、成熟和适用的知识，而相对忽略对学科体系的强烈追求和对前沿性未知领域的高度关注），强调把实践操作技能的培养作为主要内容。应用型物流人才的能力体系也是以一线生产的实际需要为核心目标，在能力培养中特别突出对基本知识的熟练掌握和灵活应用，比较而言，对于科研开发能力就没有了更高的要求。应用型物流人才的培养过程更强调与物流企业一线生产实践的结合，更加重视实践性教学环节如实验教学、生产实习等，通常将此作为学生贯通有关专业知识和集合有关专业技能的重要教学活动，而对于研究型人才培养模式中特别重视的毕业设计与学位论文，一般就不会有过高的要求。实践操作技能的培养可以通过实训中心、企业岗位体验实习和寒暑期课程实习等方式培养。

3. 关注物流和商流的密切关系，重视商务能力的培养

物流与商流密不可分的关系决定了应用型物流人才在培养过程中还必须培养基本的商务能力，包括办公自动化、商务礼仪、沟通与谈判等。

4. 强调开放办学，注意整合高校、企业、协会和政府职能部门的资源办学

任何一所高校的资源总是有限的，在应用型物流人才培养过程中必须秉持开放办学的理念，充分依托、整合物流企业、行业协会和政府相关职能部门的资源，才能更好地为人才培养服务。

总之，应用型物流人才主要是应用知识而非科学发现和创造新知，物流行业的发展和社会对这种人才有着广泛的需求，在社会工业化乃至信息化的过程中，物流行业对这种人才的需求占有较大比重，应该是大众化高等教育必须重视的人才培养模式，也正是这种巨大的人才需求，为高等院校物流应用型人才的培养提供了广阔的空间。这种依托物流行业发展的应用型人才同样需要经历一个复杂的培养过程，同样也能反映一所学校的办学水平。

三、行业导向下的应用型物流人才培养模式以西安外事学院为例

西安外事学院是一所民办普通院校，在20多年的办学过程中一直在探索专业建设的思路和方向。物流管理专业作为同类院校开设较早的一个新专业，在摸索和实践过程中逐渐形成了自己的特色并取得了一定成绩。该专业在建设过程中以“官—产—学—研”合作为基准点、以课堂教学改革（SCT——学生为中心）为切入点，通过人才培养方案改革、核心课程跨界团队教学，

差异化人才培养，实现专业+创业的深度对接，培养应用（实战）型、国际化跨界商贸物流人才。

1. 官—产—学—研模式

官—产—学—研模式是指由政府职能部门（行业协会）+明星企业+学校+应用型科研相结合的产学合作模式。这种合作模式是一种基于开放办学理念下的专业建设模式。经过多年的建设发展，西安外事学院物流管理专业与诸多外部单位建立了深度合作关系（书面协议+实际合作项目），如表1所示。

表1　　与西安外事学院合作的单位

类别	单位	合作项目
官	陕西省口岸办	培训、企业师资
	陕西省国际货代协会	职业资格证培训、实习、就业
	西安市物品编码中心	成员企业培训、项目合作、横向课题
产	西安国际港务区	横向课题、实习、教师挂职、企业师资
	顺丰速运集团陕西公司	实习、就业、创业基地、企业师资
	上海翼码科技公司	横向课题、企业师资、实习、就业
学	西安邮电大学	横向课题、物流工程硕士、资格证培养
	上海海事大学	物流工程硕士、师资培养
研	陕西省标准化研究院	横向课题、课程师资

2. 实施以学生为中心的课堂教学改革

课堂教学改革是教学改革的窗口和基本切入点。西安外事学院在课堂教学改革过程中，摈弃传统的以教师、教材和教室为中心（老三中心）的教学模式，通过改革教学设计，教师的“主角”转变为“主导”，大力推进以学生、学习和学习效果为中心（新三中心）的SCT（有用、生动、精彩）的课堂教学改革，如图1所示。

3. 核心课程组建跨界教学团队

核心职业能力的培养，主要依托的是核心课程。衡量是否是核心课程的标准在于该课程与学生职业能力的培养关联性和有用性。一门核心课程很难对学生职业能力的形成起决定作用，因此还必须整合关联课程，形成课程包

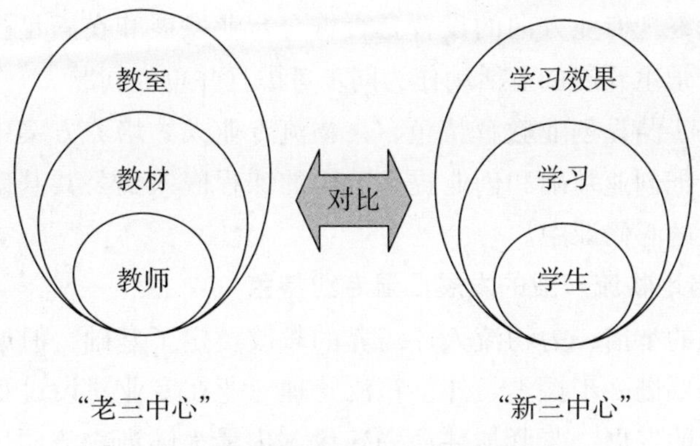

图 1　课堂教学中的新、老三中心对比

（多门课程的整合，参见图 2 信息技术应用课程包）。课程包通常是由高校、企业经理和政府（或行业协会）相关专业人士组成的跨界教学团队担任。

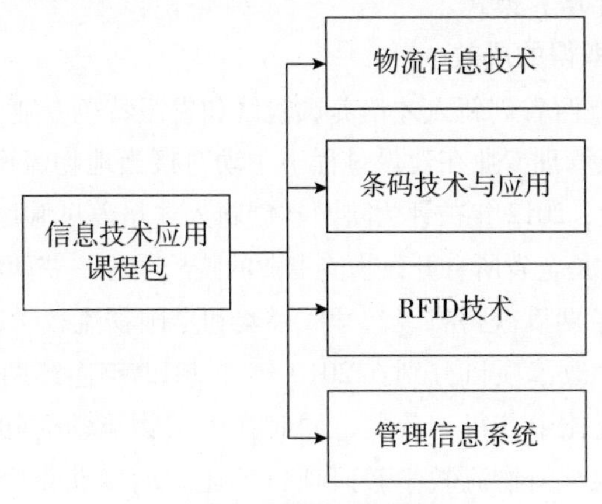

图 2　信息技术课程包

4. 差异化人才培养

传统的大学人才培养是把一个专业的学生按照一种培养模式进行培养，忽略了学生的个性化、多元化发展需求。外事物流管理专业对学生的学习需求进行细分，结合其不同的职业发展需求，分别开设国际班、创业班、就业班（企业联办）、考研班和普通班，实施差异化人才培养。

5. 专业建设与创业教育的结合

创业教育一直是外事学院的办学特色之一，如何在专业建设的过程中融入创业教育是近年来外事学院一直探索和实践的项目。外事物流管理专业在建设过程中始终把专业方向的设置是否符合行业发展和在满足行业发展的前提下是否便于学生开展创业活动作为同步考虑且并重的问题。

为了进一步凸显创业教育特色，在物流专业人才培养方案中具体的课程设置过程中，把创业基础和创业提高阶段的课程嵌入到公共基础课和专业基础课两个阶段的必修课中。

6. 结合当地物流产业的发展凸显专业特色

通过前面的举措，为物流人才培养的教改奠定了基础，但如何办出地方院校的特色需要进一步探索。外事物流管理专业在专业建设过程中密切关注当地物流产业的发展，紧紧抓住西安建设国内最大陆港物流园区——西安国际港务区（依托新亚欧大陆桥发展国际铁路物流）和特大型国际制造业项目——三星电子（依托西安咸阳国际机场发展国际空运物流）落户西安的机遇，调整专业建设方向，打造以保税物流为核心的国际物流运营管理为特色的应用型物流人才培养模式。

7. 专业建设取得的成效

（1）被评为陕西省创新人才培养试验区和省级特色专业

由于外事物流管理专业在建设过程中主动对接当地物流产业的发展，取得了实实在在的成效，2012 年被评为陕西省创新人才培养试验区；2011 年被评为省级特色专业。这是全省所有开设物流专业的院校中唯一获两项殊荣的院校。

（2）教学改革两度获得省级教学成果奖和全国物流教学改革二等奖

外事物流教学改革项目分别在 2010 年和 2012 年连续两届的陕西省高等学校教学成果奖评比中获得二等奖，同时在中国物流学会和教育部物流教学指导委员会立项的全国物流教学教研项目评比中两度获得全国二等奖。这也是全省所有开设物流专业的院校中唯一获两项殊荣的院校。

（3）学生就业率和就业层次明显提高

多年来，物流管理专业的就业率高但专业对口率和就业层次偏低是一个普遍性问题。通过教学改革，主动对接企业、行业资源后，物流专业学生就业率和就业层次都有了明显提高。特别是就业率比原来提高了 5 个百分点，就业层次主要体现在不少学生毕业时直接进入了和学校建立了产学合作关系的明星企业，比如中外运、中国远洋等知名企业。

四、总结

通过对应用型人才的理解，结合西安外事学院的专业建设实例，我们可以看出在开展以行业需求为导向的应用型物流人才培养过程中，有两个关键点必须把握。

首先，应用型物流人才培养必须紧扣应用型的培养特点，大胆创新改革，实现产学深度对接。

应用型人才的培养属性决定了物流人才的培养必须与行业发展结合，与企业岗位需求对接，因此在培养过程中应有别于传统研究型人才的培养，实施开放办学，把企业、协会和政府相关职能部门的资源整合起来，在培养定位、课堂教学、师资团队和实践操作技能培养等方面大胆改革创新并坚持下去，就一定能办出特色并取得成效。

其次，应用型物流人才的培养必须以服务地方经济发展为己任，主动对接区域物流产业发展需求形成办学特色。

地方高校在培养应用型物流人才的过程中，除了要坚持改革创新、开放办学的基本思路外，还要进一步对接区域物流产业的发展需求，以地方物流产业的发展方向和高校自身的办学特色、资源禀赋等为指引找准专业建设方向，才能形成自己的办学特色。

参考文献

［1］教育部高等教育司．中国物流发展与人才需求研究报告［M］．北京：中国物资出版社，2012.

［2］陈舜，赵刚．高校物流人才教育的思考［J］．中国大学教育，2006（8）：22－23.

［3］庄华洁，周金其．本科应用型人才培养模式的研究与实践［J］．高等教育研究，2011（6）：108－109.

［4］陈仲庚．地方本科院校应用型人才的综合素质与能力结构研究［J］．现代大学教育，2008（1）：100－105.

物流企业创新型管理人才素质特征研究*

齐　严[1]　刘佳佳[2]　洪清玲[3]

（1，2，3. 北京物资学院商学院，北京，101149）

摘要：文章从创新型人才概念与特征的理论综述出发，应用扎根理论方法，通过对联邦快递公司总裁弗雷德·史密斯及其中国区总裁陈嘉良这两位企业领军人物的相关资料进行分析提炼，对两位勇于创新的成功人士在企业发展与创新过程中所体现出来的素质特征进行了深入挖掘，提出了创新型人才应具备：丰富的知识储备、创新和实践能力、乐观积极的态度、关心帮助别人、灵活敏捷的思维、沟通和合作能力以及顽强拼搏不畏困难的意志品质七个方面的素质特征。最后，根据上述研究得出的创新型人才所具有的主要素质特征，我们对创新型人才培养提出了相关建议。

关键词：创新型人才；扎根理论；素质特征

一、引言

培养大批优秀的创新型人才是建设创新型国家的基础和关键。了解和把握创新型人才的基本素质特征对于培养创新型人才具有重要的意义和作用。因此，本文借助扎根理论研究方法，以探究创新型人才的基本特征为目标，在对国内外创新型人才概念和特征相关理论研究进行综述的基础上，选择具有代表性的创新型企业人士，以联邦快递的创始人弗雷德·史密斯和其中国区总裁陈嘉良为例，通过对两位杰出的创新型人才的个性特征和基本素质进行深入分析研究，寻找和发现创新型人才所共有的关键性素质特征，从而为构建创新型人才特征理论进行积极的探索，为加快创新型人才培养提供理论

* 本文受到北京物资学院科研创新平台：“流通企业创新型人才培养研究”资助。

支持和具体方法指导。

二、文献综述

（一）人才与创新型人才的概念

中共中央国务院2010年6月印发的《国家中长期人才发展规划纲要(2010—2020年)》中对人才的定义进行了阐释：人才是指具有一定的专业知识或专门技能，进行创新性劳动并对社会作出贡献的人，是人力资源中能力和素质较高的劳动者，人才是我国经济社会发展的第一资源。人才资源是人力资源中素质层次较高的那一部分人，是指杰出的、优秀的人力资源。创新人才，是指具有较强创新意识、创新思维、创新精神和创新能力的人才，是能进行创新性劳动，在某个领域有所发明有所创造，对社会作出较大贡献的人。

与纲要内容具有一致性，国内关于创新型人才定义的研究，涉及创新素质、创新成果及创造力三个方面。曾红从创新素质角度提出，创新人才是指那些具有创造性思维，又同时具有完善自我实现目标并且目标被社会与他人接纳的人；胡晓红则侧重强调创新成果，认为创新人才是指具备强烈的机遇意识、问题意识，能够自觉主动地运用各种思维方式，对新事物、新问题做出新解释、新回答，提出新方法、新方案的人；冷余生则强调创造力，认为创新型人才是指具有一定创新精神和创造力的人。

对于创新型人才的概念，国外学者一般是从心理学的角度出发，从创新思维、创新人格、创新能力和创新成果等方面进行界定。一般认为，国外关于创新型人才概念的研究从20世纪70年代吉尔福特的《创造性才能》和《创造力与创新思维新论》两本著作的问世开始。之后，创新型人才的研究逐渐成为一个热门话题。美国《创新杂志》关于创新型人才的定义是：能够通过已有的知识想出新办法、建立新工艺、创造新产品，并能将其付诸实践，取得新成果的人。

（二）创新型人才的特征

关于创新型人才特征的研究范畴，国内外研究相对一致，认为创新型人才的特征涉及人的性格、行为、思维等多个方面。比较而言，国外学者对于创新型人才特征的研究结论更为具体和清晰，更具可测量性，国内研究结论相对抽象和概括。

国外对于创新型人才特征的研究，从20世纪50年代开始，吉尔福特提出了关于创新型人才的9个特征：有高度的自觉性和独立性、有旺盛的求知欲、有强烈的好奇心、知识面广、善于观察、工作讲求理性准确性和严格性，有丰富的想象力、富有幽默感和意志品质出众。Csiksxentmihalyi描述则更为具体，他认为创新型人才应该：具有充沛的精力，但通常又都是安静的休息者；聪明天真贪玩又遵守纪律；充满想象或幻想又具有根深蒂固的现实感；外向与内向并存，谦逊却又自信；某种程度上回避刻板的性格角色；反叛中又有传统；大多数人对工作充满热情却又拒绝工作；开放性和敏感性并存。

国内关于创新型人才素质特征的研究描述相对于国外研究更为抽象，更为强调知识和学习的重要性。王凤科、周祖成将创新型人才的特征分为四个部分：意识、知识、能力和个性。王树祥认为应具有创新知识和技能，创新意识和激情，富于探索精神，理论基础深厚和具有渊博的知识，开拓性思维和敏锐的观察力以及具有奇异的想象力。杨名声认为创新型人才应具有创新的意识、思维、能力和人格；较强的学习能力、研究能力、操作能力及综合信息的能力，以及良好的心理素质。《国家中长期人才发展规划纲要（2010—2020年）》指出创新型人才通常表现出灵活、开放、好奇的个性，具有精力充沛、坚持不懈、注意力集中、想象力丰富以及富于冒险精神等特征。

三、研究方法

扎根理论研究法是由芝加哥大学的Barney Glaser和哥伦比亚大学的Anselm Strauss两位学者共同探索出来的一种研究方法，是运用系统化的程序，针对某一现象来发展并归纳式地引导出扎根的理论的一种定性研究方法。扎根理论强调生成的理论应该植根于所收集的现实资料，以及资料与分析的持续互动，并且从关于现象的数据中直接建立理论。

扎根理论的主要操作程序是：在确定好研究主题后，首先是进行文献讨论并选取具有代表性的案例进行资料的收集与整理；然后是根据所收集的资料进行开放性编码、主轴编码和选择性编码，通过编码获取相应的概念以及主要范畴，将其串成一个故事线；最后得出结论。其中最主要的研究环节是开放性译码、主轴译码和选择性译码三个译码过程。

得出结论之后还需要对理论的扎根性进行检验，用收集到的资料再次验证这个理论。理论扎根的过程是“保持资料与理论间来来回回的互动性，不断将来自现实世界的资料转化成较高的抽象层次的范畴、维度与概念，并建构概念之间的关系，直到理论达到饱和为止”。此外，还要再对故事线进行总结概括，提炼出其中密度最大的概念，并得出相应的结论和新理论。

本文以联邦快递的创始人弗雷德·史密斯和其中国区总裁陈嘉良作为研究对象。主要原因在于：一方面，联邦快递是一家久负盛名的创新型企业，是快递行业的开创者和领头羊，用这样一个成功的创新型企业的创始人以及高级经理的具体资料分析研究创新型人才的特征具有较好的代表性；另一方面，史密斯和陈嘉良是善于创新的企业家和管理者，他们创新的成功使得基于他们创新实践获得的研究结论更具有说服力和信赖度。因此，笔者收集了大量史密斯和陈嘉良的相关资料，将其中与创新活动与个性特征相关联的部分整理出来，利用扎根理论方法进行编码分析，在编码的基础上通过演绎推理和归纳，总结出重要的概念和范畴，并最终得出研究结论。

四、研究过程

（一）开放性译码

利用扎根理论方法，笔者从弗雷德·史密斯和陈嘉良的资料中分别发掘出 23 个核心概念，并将之归纳为 11 个主要范畴（C1 ~ C11）。这 11 个主要范畴分别是坚强的意志、丰富的知识储备、资源利用能力、热爱工作、智慧和洞察力、梦想和远见、乐观积极的态度、创新能力、经营策略、沟通与合作和工作绩效。具体概念及范畴如下表：

表 1　　弗雷德·史密斯和陈嘉良开放性译码分析表

史密斯资料	陈嘉良资料	概念化	范畴化	范畴的性质	性质的维度
出生于孟菲斯一个富裕的家庭，曾有两次远赴越南的军旅生涯	获香港大学历史系学士学位、香港大学和美国西北大学凯洛格管理研究院联合颁发的工商管理学硕士学位	从小接受严厉的教育，能吃苦 a1 知识渊博，视野广阔 b1	a1，a10，b15，b17——坚强的意志 C1	C1：意志力的大小	意志力：大—小

续 表

史密斯资料	陈嘉良资料	概念化	范畴化	范畴的性质	性质的维度
一位军官告诫他："上尉，只有三件事你必须记住：射击、行动和联络。"	放弃环境好、前景不错的银行工作，被联邦快递的独特文化和理念所吸引	虚心听取别人的告诫 a2 热爱自己的行业 b2	b1——丰富的知识储备 C2	C2：知识储备的丰富程度	知识储备：丰富—肤浅
速度和时间同样也是金钱，急事快办才能满足客户要求	求职信回答了：为什么我希望在公司做事，为什么我是合适的人选，会对公司做什么贡献	善于捕捉信息 a3 做事坦率而真诚 b3	a2，a9，a12——资源利用能力 C3	C3：资源利用能力	能力：大—小
上大学写论文时提出"隔夜送达"服务理念	1985 年加入联邦快递，任客户主任，每天挨家挨户的敲门，将公司服务和承诺介绍给客户	敢于想象 a4 从底层做起，不怕吃苦 b4	b2，b5——热爱工作 C4	C4：对工作的热爱程度	热爱—厌恶
史密斯认为，全球物流市场经营范围广阔，潜力深不可测	总是第一个到公司，利用每一分钟可以利用的时间	自信和热情 a5 敬业 b5	a3，a8，a16，b9，b13，b10——智慧和洞察力 C5	C5：聪颖程度，感知能力	聪明—愚钝 强—弱
1971 年，开始经营航空快件业务	我将自己比喻成麦兜，它平凡但是它爱做梦	创新和实践 a6 善于想象 b6	a4，a11，a20，b6——梦想和远见 C6	C6：对未来的预知能力	深刻—浅显

续 表

史密斯资料	陈嘉良资料	概念化	范畴化	范畴的性质	性质的维度
1973年，创立“联邦快递”公司	年轻时的自信，往往需要通过别人的肯定来证明，但成熟后我发现，自信是自己对自己的肯定	敢于冒险，尝试新鲜事物a7 相信自己b7	a5，a15，a17，a22，b3，b4，b7，b13，b16，b18——乐观积极的态度C7	C7：处事态度的积极性	积极—消极
“联邦”命名受美国国名的影响，他想从联邦储备银行贷款	赢得市场的关键在于企业的服务是否让消费者满意并接受	爱国和智慧a8 能从客户那里寻求经营策略b8	a6，a7，a21，b14——创新能力C8	C8：创新能力	创新—呆板
艰难和曲折一言难尽，直到1975年才开始赢利	比较擅长处理客户关系，了解客户需要	历经艰难和曲折a10 善于借势b10	a14，a19，b21——沟通与合作C10	C10：沟通与合作能力	能力：强—弱
预见公司将面临信息时代的冲击，运输系统中始终伴随着一个能够提供市场行情的信息网络	连续两年获得联邦快递全球表现最佳销售奖	具有独特的远见a11 工作绩效显著b11	b11，b23——工作绩效C11	C11：工作效率的高低	效率：高—低
公司拥有从每位客户可能获取的利润数据	我不懂操作，但我愿意学，可以和大家一块儿做	合理利用资源a12 良好的团队合作能力b12			
必须在科学调研的基础上，根据可靠数据制订计划和做出规划	与政府谈判最重要的心得是转换角度，注意换位思考	依靠实际制订计划a13 思维的灵活性b13			

续 表

史密斯资料	陈嘉良资料	概念化	范畴化	范畴的性质	性质的维度
重视与别人进行有效的合作，积极主动地与别人交往、沟通	你必须是第一个发明者，或是最快的发展者，或是最高附加值的提供者	沟通和合作 a14 不断创新 b14			
想称霸市场，首先要让客户的心跟着你走，然后让客户的腰包跟着你走	我从未标榜自己有多成功，但我愿意和大家分享多年工作的一份心得	善于换位思考 a16 谦虚，不骄傲 b16			
让每个员工都受到公平待遇，让员工知道公司对他的期望	我有明确的奋斗目标，而且一旦确立，就不轻易放弃，能吃苦和经历挫折	公平对待别人 a17 百折不挠的精神 b17			
在员工培训方面每年花费约2亿美元	我懂得原谅员工工作中出现的失误，从不多指责	重视培训 a18 宽容 b18			
在公司内部营造一个大家庭式的温暖和凝聚力	面对危机，尽量降低运营成本，审视我们的网络	良好的合作精神 a19 灵活地对待危机 b19			
用互联网络进行经营势在必行	金融危机时，不但不减反而加强员工的培训力度	能预知市场行情 a20 重视培训 b20			
首创按时快递业务模式，首次出现条码技术、即时货运代理服务模式	每天至少花30% 的时间与员工沟通	不断创新 a21 善于沟通 b21			

续 表

史密斯资料	陈嘉良资料	概念化	范畴化	范畴的性质	性质的维度
永远不要做已经有人做过的事情，必须对自己的创意无限执着和狂热	联邦快递旗下的600多架飞机全部都是以公司员工的子女名字命名的	做事充满热情 a22 员工第一 b22			
1989 年收购飞虎航空	什么事情在我这里都是“不隔夜”的	拓展业务 a23 做事果断 b23			

（二）主轴译码

综合两位创新者的资料以及所得出的范畴，运用典范模型，即“因果条件—现象—脉络—中介条件—行动或互动的策略—结果”，将资料中各范畴联系起来。

因果条件：拥有梦想和独特的远见，并热爱自己的工作。

现象：职位不断提升，个人绩效显著。

脉络：运用灵活的战略，审时度势，与时俱进，关心、尊重每一个人。

中介条件：知识背景、坚强的意志、资源利用能力、智慧和洞察力、乐观积极的态度。

行动或互动的策略：进行不断的创新和实践、沟通与合作。

结果：个人得到发展，取得丰硕的成果

（三）选择性译码

根据上述的开放性译码和主轴译码的分析，同时对资料的再次分析，发现可以利用个人发展过程这一核心范畴来重新组织资料中的其他范畴。围绕这一核心范畴的故事线可以概括为：受自身成长环境的影响，弗雷德·史密斯在大学期间就产生了将快递“隔夜送达”的梦想：陈嘉良毕业后没有从事前景好的银行工作，而是从事了自己感兴趣的快递行业。为了实现梦想，他们运用灵活的战略和方法，在实践中不断地进行创新，凭借自己各方面的智慧和能力以及对待事物的积极态度，并通过不懈的努力，在自己的职业生涯中取得了骄人的成绩。在经营公司时，他们都善于与员工进行沟通和合作，并能适应环境的变化做出正确的经营决策，使得联邦快递公司取得了辉煌的成绩。

（四）新理论的形成

通过分析提炼可以得到创新型人才所具备的主要素质特征是：丰富的知识储备、创新和实践能力、乐观积极的态度、关心帮助别人、灵活敏捷的思维、沟通和合作能力以及顽强拼搏不畏困难的意志品质六个方面。同时，我们发现，创新型人才得以成功的关键是有强烈的创新意识和卓越的实践能力，具有丰富的想象力，勇于提出问题，而且善于解决问题，并将自己的设想和创意付诸行动；他们可以凭借自己的聪明智慧和乐观积极的态度不断创新实践，从创新实践中获得新的生机和活力；另外，还有善于与别人沟通和合作，做到“知己知彼，以情动人”，用真诚和热心打动别人，能与朋友或同事和平相处，团结协助，为实现共同的目标而努力奋斗；最后，在面对挫折和困难时，具有不畏艰苦、百折不挠的精神，能以坚强的意志战胜一切困难。

五、几点建议

根据上述研究得出的创新型人才所具有的主要素质特征，我们对创新型人才培养提出如下几点建议：

（1）勤奋学习，提高知识储备。研究证明创新的成功源于大量相关知识的储备和积累，创新型人才更需要具有博大精深的文化内涵和深厚扎实的专业知识有时甚至是跨专业的相关知识。因此，创新型人才的培养应该更加重视学习能力的培养，应该树立终身学习理念，不断更新知识，拓宽视野，提高知识储备。

（2）敢于想象，不断实践。爱因斯坦说过“想象力比知识更重要”。几乎所有新鲜事物的诞生都来源于丰富的想象力，想象力是创新型人才所需具备的最为重要的基本素质之一，也是创新得以实现的首要条件。另外，任何一位成功人士都不是天生就具备超人的智慧或能力，都是在不断地创新实践中寻求成功，所以，创新人才必须坚持创新实践。

（3）善于沟通，团结合作。合作默契的团队能够最大限度地发挥个人的力量，使每个人都能从团队中受益，并使团队创造出 1 + 1 > 2 的整体力量。成功的创新型人才应该具有团体合作精神和杰出的沟通技能，能够自觉地利用团队合力获取创新成功。

（4）热爱工作，提高效率。任何事业，要想成功，都离不开高昂的热情和高效率的工作，对于需要付出更多努力的创新活动而言则更是如此。创新型人才应该时刻保持高昂的工作热情和高效率的工作作风。

（5）态度积极，意志坚强。乐观积极的态度是创新成功的基本心理条件之一，创新型人才应该自觉培养积极乐观的心态和百折不挠的意志品质，以旺盛的精力和热情、钢铁般的意志和排除万难的勇气战胜困难，超越自己，进而有所发现，有所创造。

总之，依据研究发现的创新型人才的素质特征，我们建议在创新型人才培养方面既要打下坚实的专业知识基础、拓宽创新人才的知识视野；又要注重培养崇高的理想、乐观向上的态度、丰富的人际沟通能力、积极认真的工作态度和高效率的工作能力以及坚强的意志等。只有从知识、能力以及意志品质等各个方面入手，全方位地培养和塑造创新型人才，才能培养出既具有创新精神、创新意识，又具有创新能力、适应社会需要的创新型人才。

参考文献

［1］ROYDD. Personality model of fine artists［J］. Creativity Research Journal，1996，9（4）：391 – 393.

［2］JEFFREY H DYER，HAL B. GREGERSEN，CLAYTOO M. CHRISTENSEN. The innovator's DNA［J］. Harvard Business Review，2009（12）.

［3］GUILFORD J P. Cognitive styles：what are they？［J］. Educational and Psychological Measurement，1980（40）：715 – 735.

［4］STUART RUSSEL，PETER NORVIG. Artificial intelligence——a modern approach（Second Edition）［M］. Prentice Hall，2003.

［5］JIM HENRY. The factors influencing creativity in creative people［D］. The University of Alberta，2003.

［6］STRAUSS A，J CORBIN. Grounded theory methodology – an overview，in

Norman , K. D. and S. L. Yvonna eds. Handbook of Qualitative Research [M]. CA: Sage Publications, 1994.

[7] BARNEY GLASER. Basic of grounded theory analysis [M]. Mill Valley, CA: Sociology Press, 1992.

[8] 檀明山．赢在创新——创新改变企业 [M]．北京：团结出版社，2006.

[9] 杨茂森．创新型人才的六大特征 [J]．中国人才，2006 (13)：8.

[10] 赵群，何家蓉．日本现代物流人才培养模式带给我国的启示与思考 [J]．2008 (2)：85－87.

[11] 赵永波．创新型人才的心智特征研究 [J]．青春岁月，2012 (8)：114.

[12] FROCKR. 联邦快递的生意经——伟大的企业是这样诞生的 [M]．武立东，等，译．北京：机械工业出版社，2008.

[13] 璐瑜，陈嘉良．自信源于自我认知 [J]．英才，2011 (8)：115.

[14] 刘扬．陈嘉良像乔布斯一样“百变” [J]．数字商业时代，2010 (15)：106.

[15] 孔文轩．沟通世界：促进中国快递物流业健康有序发展——美国联邦快递中国区总裁陈嘉良先生访谈录 [J]．综合运输，2008 (5)．

[16] 王宏祥，曾红．面向工程创新人才培养体系的构建与实践 [J]．实验室科学，2012 (4)．

[17] 廖声丰，胡晓红．浅谈建国以来人的全面理论的创新 [J]．中共郑州市委党校学报，2009 (6)．

[18] 冷余生．论创新人才培养的意义与条件 [J]．高等教育研究，2000 (1)．

[19] 王凤科，周祖成．创新人才素质测评 [J]．经济与管理，2002 (1)．

[20] 王树祥．创新是创名牌的不竭动力 [J]．当代经济，2001 (11)．

物流研究篇

物流外包的中间组织识别

白晓娟

（北京物资学院物流学院，北京，101149）

摘要：物流外包不同于简单的市场购买行为，也不同于企业内部物流子公司的科层行为。物流外包是企业配置物流资源的一种中间组织行为。通过引入中间组织理论，对物流外包从契约维、行为维和交易维分析其中间组织特征，并将物流外包定义为基于契约的物流服务需求方和供给方之间非股权关系的战略合作行为，合作过程以满足物流服务需求为目的，同时以实现双方的共赢为目标。

关键词：物流外包；中间组织；契约

物流外包是企业以供应链管理思想为指导，对物流资源进行合理配置的一种方式。企业间通过物流服务的供需建立起长期的、互利共赢的合作关系，同时通过经济契约形式明确其责任和义务。物流外包企业则可以集中资源打造自身的核心能力，而物流服务提供企业也可以提升自身的服务能力。物流外包完全不同于传统的市场购买行为，也不同于企业内部的科层行为。本文应用中间组织理论，从契约维、行为维和交易维分析物流外包的中间组织特征，并对物流外包进行重新的定义。

一、中间组织的出现及识别

1. 中间组织的出现

亚当·斯密提出市场是能够使国家财富最大化的支配力量[1]。市场的优势通过信息处理的高效率和对主体的诱因激励所体现出来，但是由于投机主义、持久的资产专用性、不确定性以及较高的交易频率导致了交易成本上升，市场出现失灵的现象。在市场失灵的情况下，科层组织替代市场而更有效地组织生产。科层组织与市场相比最显著的特征是在企业的内部存在着一种权威关系，这种关系使得科层组织在市场失灵的时候能够有效地组织交易活动[2]。但是，科层组织本身也存在成本，如存在由于道德风险和逆向选择所产生的代理成本。

随着社会环境的动态演变，在市场与科层组织两种最基本的经济组织形式之间，形成了大量稳定的中间组织。一般来说，中间组织的产生是由于市场与科层组织的失效导致，当引入一种机制能对市场与科层组织的失效进行弥补，就能形成有组织的市场或有市场的组织。中间组织处于市场与科层的中间地带，产生于组织与市场的相互渗透，其内部既有市场的价格机制，也有企业的组织协调机制。中间组织的实质是通过引入合作协调，使企业内和企业间的关系发生了质的变化，进而组织形态发生相应的变化。这种经过合作协调改造的中间组织既克服了市场的缺陷，又克服了企业内权威协调的局限性。中间组织强调经济组织之间和经济组织内各成员之间的相互交流与协作机制，目的是使各独立成员获利并保持战略合作关系。在中间组织内部既有企业内权威协调又有市场协调，同时又引入合作机制，这种新的协调方式促进组织成员间的知识共享和协作创新过程。

2. 中间组织的识别

日本著名学者今井贤一用决策主体之间的联系方和它们的决策依据这两组行为特征把市场与科层组织严格地区分开来，兼具二者特征的东西，就是中间组织。威廉姆森（1979）的交易费用经济学将交易分解为以下三个维度[3]：资产专用性、交易频率和交易的不确定性，利用这三重维度得出科层与市场之间存在着混合的组织形态，对这三种治理模式作了形象的划分。

交易费用经济学指出契约的不完全性是基于人的有限理性和机会主义的行为假定的，所有复杂的契约都不可避免地是不完全的。契约是中间组织形成与存在的纽带，而中间组织对交易成本的节约实际解决了交易与契约安排相匹配的问题。但交易费用经济学注重的是交易的状态、特征和交易规模，而忽视了中间组织成员间的互动关系。中间组织作为一种企业间、组织间的网络，其行为受社会网络的关系驱动，并且表现出很强的动态性以及在此基础之上的协调性。社会网络中人与人之间的相互影响，相互竞争，相互合作和相互交易等，这一系列的“相互”加到一起就构成了经济关系、生产关系或社会关系[4]。

二、中间组织与市场及科层的区别

中间组织是与市场和科层不同的一种组织形式。

从模式来看，市场的交易是根据完备的契约进行的，其中交易的收益和交易双方的贡献规定的非常清楚，契约的执行是通过法律惩罚或者行政协调的力量来进行的。在科层中，企业家居于核心地位，企业所有活动都是在雇佣契约的约束下进行的，契约中所未规定的“剩余”部分则由企业家通过命令机制及激励约束机制来分配。在中间组织中，双方签订的契约同样具备法律效力，违约方不仅会受到法律的惩罚，同时还受到社会规范和行业惯例的惩罚。但契约的不完备程度较高，契约中所未规定的“剩余”部分则通过隐含契约来协商执行。

从成本来看，市场的成本主要包括在市场上购买及销售产品的成本。在科层组织中，这种成本是非常低的，但代理成本会上升。由于契约的不完备程度较高，又没有强制执行的权威，因此中间组织中双方之间的协调成本是相当高的。

从灵活性来看，市场为交易双方提供了广阔的选择机会和高度的灵活性，双方可以很容易地找到替代的买者和卖者，他们之间的关系完全是竞争而非合作的。在科层中，成员之间既存在竞争关系，也存在合作关系，成员间的工作任务是高度相互依赖的，同时又缺乏灵活性。与科层相似，中间组织中的成员既有合作，又存在竞争。与科层不同的是，中间组织中的成员彼此是相对独立的，其成员之间的合作和竞争程度界于市场和企业之间。中间组织长期的重复交易模式的使得新的成员进入较难，这样每一个成员对别的成员所控制的资源的依赖性较高，而且这些资源的不可替代性要高于市场模式，所以与市场和科层相比，中间组织的灵活性是中等的。

归纳起来，中间组织与市场和科层的区别主要体现在以下几个方面：

1. 垂直一体化程度

资产或资源的专用性是垂直一体化存在的原因，通过垂直一体化度量了把所有权和产权授予某个中心机构的程度。资产专用性越高越能产生高效能，但是当专用资产被控制在企业内部时，其所有者可以通过拒不给予接入而限制另一个企业利用此资产获取利润，最终导致后者对这一专用资产实行垂直一体化。同时，因为专用资产因缺乏流动性和适应性，其价格往往非常高昂，购买和拥有这类专用资产的高成本导致要通过采用规模效应来摊销较高的固定成本。因此，垂直一体化导致的所有权集中可能会造成较低的产品和服务的差异性。

市场中的资产被完全分配掉，科层中的资产被牢牢地控制住，中间组织则趋向于涉及多种所有者，每个成员分别实施总资产中某一特定部分的职能。中间组织采用柔性化的资源，推行互利共赢的合作模式，寻求更精致的市场细分。中间组织提供的产品或服务是柔性化、专业化和定制化的。

2. 组织边界和联系

组织边界是中间组织的另一个辨别特征，包括企业与其市场之间的边缘，以及企业中不同功能之间的边缘。企业和市场的相互渗透产生了合作协调的运行机制，网络组织单元之间通过信息技术实现了点到点联系，这使得企业和市场的边界被打破。信息流动模糊了传统的企业边界，中间组织中的企业处于这样丰富联系的环境中。

中间组织中的联系是根据需要呈现自主的、合作的、发散的网状联系。问题的发现和知识的获取可能通过多种松散的联合或不太紧密的连接获得，而不是像科层组织要通过垂直渠道，打破了科层中上下级的线式联系。而市场通常是一次性的、松散的直接联系。

3. 任务基础

中间组织借助于企业间和企业内的合作网络，从功能导向转变为市场推动的项目导向。中间组织不再是从功能到功能地传递项目，而是把各种功能同时集中到一个确定的项目上。在功能导向下规定的日常行为将不再适合每个项目无法预见到的需要，这种转变意味着更加难以适用事前规定激励的方法。在此情况下，通常由相对独立的成员进行决策对组织而言是有利的，但前提是其目标必须与组织的目标相一致。任务基础的转移使中间组织中的任务较多采于项目导向，这使得中间组织产出的产品或服务差异性较强，生命周期更短。

4. 知识和影响模式

在中间组织中，影响和指挥其他人的能力，不再源自传统的地位或科层中的职务级别，而是源自知识。对于中间组织而言，知识和技能成为重要的管理标准，业绩和技能使组织更容易成功。组织中企业间的影响模式更多地采取合作协调的方式进行，这种合作协调来源于技能和专业化的实践知识。

三、物流外包的中间组织特征

中间组织的模式一般有战略联盟、企业集团、特许经营、资源外包、虚拟组织、网络化组织等。物流外包作为一种中间组织形式，具有一切中间组织的特性，如垂直一体化程度、任务基础等。在以上特征的基础上，对物流外包分别从契约维、行为维和交易维进一步分析，如图 1 所示，从而作为对物流外包组织识别的基础依据和方法。

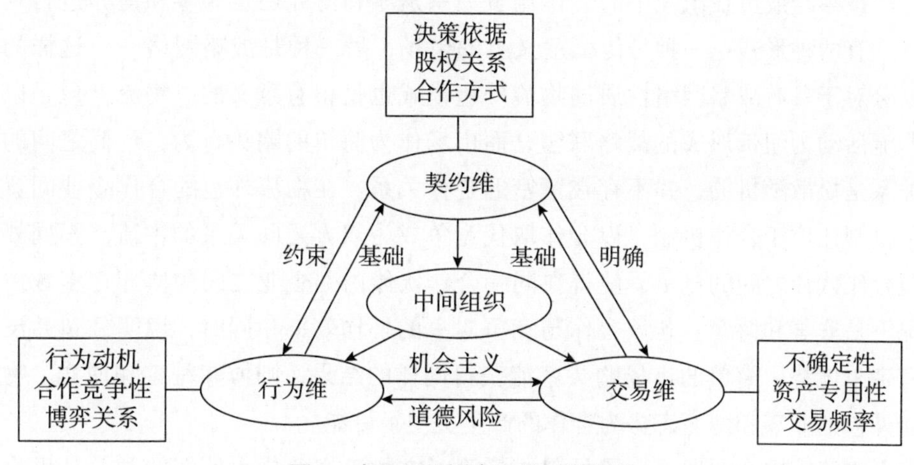

图 1　中间组织概念三维识别框架

1. 契约维

物流外包是企业的一种战略行为，与企业的战略发展目标相一致，物流外包是建立在信任和合作的基础上的。物流外包的选择，不是对市场的临时变化所做出的应急反应，而是增强企业竞争力的一种战略行为。同时外包注重从长期合作的角度改善合作企业共同的经营环境和经营条件。因此，外包行为与企业核心能力具有较强的关联程度。

物流外包行为通过契约形成稳定存在，所有复杂的契约都不可避免地是不完全的，原因主要在于：

（1）由于信息的不对成称性，物流外包企业在签约前无法真正了解第三方物流企业的物流服务能力及应对突发事件的处理能力；

（2）由于契约本身难以完备，契约中不可能对第三方物流企业的工作努力程度确切地做出规定。即使做了规定，也难以去测量；

(3) 由于外部环境的不确定性使物流外包企业无法辨别其利润的高低是否是由第三方物流企业的工作努力程度所致，所以物流外包企业不可能完全依据本企业的利润向第三方物流企业支付报酬。

契约虽然具有以上的不完备性，但物流外包企业可以通过逆向选择合同的设计把不符合要求或能力低的第三方物流企业排除在委托代理人之外。同时通过建立长期的合作关系来促进物流外包企业与第三方物流公司目标的一致性。

2. 行为维

按参与成员在组织中的合作竞争关系是零和博弈还是非零和博弈进行划分，有两种形式：一种是传统意义上的市场；另一种是战略网络[5]。这样的划分对于具有战略网络性质的物流外包模式也是很有意义的。物流外包是以物流活动为纽带形成的战略联盟，而市场作为简单的购买行为，厂商之间的关系是松散随机的，并不存在紧密的合作关系。在物流外包的合作企业间竞争机制让位于合作机制，以合作取代竞争成为双方之间关系的主流。不同外包合作伙伴之间的竞争，使得在同一合作伙伴内部企业之间的博弈在多数情况下是非零和博弈。若该合作与竞争对手的平均效率相同时，说明外包并没有带来优势，简单的市场购买就能获得同样的结果，则博弈是零和博弈。物流外包的非零和博弈态势为合作的产生提供了可能。

物流需求企业通过物流外包委托第三方物流企业代表他们的利益从事物流服务的运作。第三方物流企业成为物流需求企业的稳定伙伴，有了稳定的业务来源。在激烈的市场竞争环境中，稳定的业务是企业生存和发展的重要因素。第三方物流企业为了获得持续的物流业务，会积极地提高物流服务质量和降低物流成本，并不断提高物流服务水平和绩效，以赢得物流服务需求企业的隐性激励，即双方在合同到期后继续签署新的合同，来发展长期的合作关系。这样既可以最大限度降低第三方物流企业的自利风险，同时对物流需求企业来说，也可以更好地专注于核心优势，从而提高整个供应链的竞争力。所以，物流外包关系满足激励相容约束。

3. 交易维

外包与市场的区别主要在于其资产专用性的强度。外包提供的是专用性资源，市场提供的是标准化的资源[6]。物流外包涉及专用性投资和专用性服务，物流服务需求方或提供方必须投资专用性设备，获得专用性知识，提供专用性服务。当交易双方都进行了专用性投资后，就限制了其他交易方的进入，物流服务需求方对物流服务供给方依赖程度也是一种专用性的关系投资。在进行物流外包决策时，不同类型企业的物流资产的专用性程度是不同的，可以初步将物流资产的专用性分为高度专用性、混合专用性和非专用性三个层次。

随着市场需求的变化，物流服务需求作为间接需求其所受到的环境不确定性的影响将会被逐级放大。物流服务需求的不确定性体现在运输路径、运输量、订货周期等都可能会随时发生变化。更是难以预测一些突发事件，因此要求物流系统能够快速、及时做出反应，要求物流服务供给方提高决策柔性，以适应物流服务需求方的要求。

物流的交易频率指物流需求方与供给方的在一定时期或一定数量下的交易次数。多品种、小批次已经是现代市场需求的一个重要特征，作为为生产和流通领域服务的物流活动，同样具备较高的交易频率特征。

四、结论

以上对物流外包从契约维、行为维和交易维进行了分析，可以看出物流外包作为一种中间组织行为，完全不同于简单的市场购买，也不同于企业设立物流子公司所采取的内部一体化。这里将物流外包定义为基于契约的物流服务需求方和供给方之间非股权关系的战略合作行为，合作过程以满足物流服务需求为目的，同时实现双方的共赢为目标。

参考文献

［1］亚当·斯密．国富论［M］．唐日松，译．北京：华夏出版社，2004.

［2］COASE R. The nature of the firm［J］. Economic，1937，2（1）：21.

［3］WILLIAMSON O E. 交易费用经济学：契约关系的规则［M］．陈郁，译．上海：三联书店，1996.

［4］卢建新．中间组织崛起的原因［J］．中南财经政法大学学报，2005（1）：48.

［5］JARILLO，JOSE C. On the strategic networks［J］. SMJ，1988（9）：31－34.

［6］李小卯．资源外包与技术管理［J］．科技导报，2000（8）：58－61.

Degree Distribution of Logistics Network Based on Complex Network

Xu Xu[1] Wei Liu[2]

(1. Shanghai Maritime University, Shanghai,
2. Shanghai Dianji University, Shanghai)

Abstract: Logistics system is a complex and open network system. Based on the properties of the logistics network, this article makes use of the theory of complex network to analyse the degree distribution of logistics network and prove the stability of degree distribution in logistics network.

Keywords: complex network; logistics system; degree distribution

Introduction

With the continued rapid development of national economy, modern logistics industry has played an increasing important role in promoting national economic development, promoted the expansion of the scale of modern logistics industry. Modern logistics industry is considered to be the arteries and basic industries of the national economic development. Its level of development has now become one of the important indicators of measuring the modern degree and comprehensive competitiveness of a country and a region. And it is also described as the "third profit source" and "accelerator" to promote the development of economy , following the reducing of the material consumption and improving the labor productivity. After China's accession to WTO, the world logistics strong opponents have vied for China's logistics market, domestic logistics enterprises are facing some unprecedented serious challenges. Currently the third – party logistics is flourishing, domestic logistics organization is to convert to an independent organization node. Logistics industry is developing forward systematic, modernization, integration and complication. Logistics network nodes are increasing constantly, and the connection between the nodes becomes increasing complex.

In recent years, the wide attention of the complex network of international academic circles, has become a hot spot of statistical physics, mathematics, biology, systems science and other disciplines study. Scientists are dedicated to explore the evolution law of complex networks, structural features and dynamic behavior. From the Internet to the World Wide Web, from large power network to the global transportation network, from the brain of organisms, to all kinds of metabolic network, from scientific collaboration network to a variety of economic, political, social networks, etc. People live a world full of all kinds of complex networks.

1 The basis of complex network theory

In the year of 1999, Barabasi and Albert published a groundbreaking article in *Science*, proposing a concept of scale – free network and the BA model[1]. The article says: The connective degree distribution of many actual complex networks has the power – law functional form, that is$P\ (k)$ $k^{-\gamma}$ (for larger k) . Since the scale invariance of power – law function, so this kind of network is called scale – free network. That is, the node tends to be connected to the high – degree node. Namely, "the poor poorer and the rich richer."

2 The description of logistics network model

Logistics system is the core based on third – party logistics enterprises[2], and is a system which is composed of cooperation, and common living dynamic composition by the supply, production, sales in other different enterprises of the same industry or other different industries of the same enterprise. The so – called logistics system network is the collection of the logistics abstract network composed of the shipping and receiving "nodes" and among their "connection" in the logistics system, and with the accompanying the network of the information flow[3]. It is also a dynamic and increasingly complex network. Logistics network complexity embodied among all the participants presented random interconnected, dynamic and nonlinear characteristics.

Model description

(1) Assuming the initial time system consisting of m_0 nodes and having N_0 attachment.

(2) With each time step, the whole logistics system adds a node, and this node has a business with the existing nodes of $m \leqslant m$.

(3) Newly joined nodes and the node *I* which is already in existence have contact probability depending on the degree of node *I*, *k*. Namely,

$$\Pi(k_i) = \frac{k_i}{\sum_j k_j}$$

After the *T* time step, the model has evolved into a random network which has $N = m_0 + t$ points and $N_0/2 + mt$ sides.

Among k_i—Node *i* has business dealings with other k_i nodes.

3 The research of the degree distribution of logistics network

The logistics industry development is a complex dynamic and developmental system.

With the passage of time, the whole logistics system and the enterprise of system must make dynamic changes. The question is: whether each node in the system has the same distribution eventually? Whether the whole logistics network has the stable degree of distribution eventually?

3.1 The stability distribution

At *t* time, select a node From the network randomly, indicating its degree of probability with *P*, *k*, *t*, *k*, then the 2*P*, *k*, *t*, $k = 0, 1, 2, \cdots$, 2 is referred to the distribution of the network at *t* Time. If there is a limit:

$$P(k) = \lim_{t \to \infty} P(k, t), \ k = 0, 1, 2, \cdots$$

Because of the node selected randomness, each node has the same degree distribution. And also the network has a stable distribution of

$$\{P(k), \ k = 0, 1, 2, \cdots\}$$

3.2 The calculation of degree distribution

1. The average field method

Assuming that it is a continuous real variable, settingk_i (t) as the degree of random selection of nodes i , in time t, this degree will increase with the passage of time. Due to the probability of node i connected to other nodes is$m\Pi$ (k_i), the probability$m\Pi$ (k_i), can be understood as the continuous variation ofk_i (t) . Thusk_i (t) satisfies the dynamics equation:

$$\frac{\partial k_i}{\partial t} = m\Pi(k_i) = m\frac{k_i}{\sum_j k_j} = \frac{k_i}{2t}$$

The total degree $\sum_j k_j = 2mt$, this equation has initial conditions: Each node i into the system hask_i (i) $= m_c$. Therefore, the differential relay solutions is:

$$k_i\ (t) = m\left\{\frac{t}{i}\right\}^{\beta},\ \beta = \frac{1}{2}$$

This indicates that the degree of all notes in the network is in the same power law function of growth. The β is called dynamic index. Due to the random selection node, thus the time of node i entering the network , random chosen in the mean – field method is obeyed the random variable of the uniform distribution on the interval (0, t) . That is $p\ (i) = \frac{1}{m_0 + t}$. So the dynamic equation mentioned above can calculate the probability distribution of node degree k_i (t) in the network , namely:

$$P\ \{k_i\ (t) < k\} = P\left\{i > \frac{m^2 t}{k^2}\right\},\ k \geqslant m$$

Therefore, the network degree distribution is:

$$P\ (k,\ t) = \frac{\partial P\ \{k_i\ (t) < k\}}{\partial k} = \frac{2m^2 t}{m_0 + t}\frac{1}{k^3}$$

When the time $t \to \infty$, the steady degree distribution of the network is:

$$P\ (k) = \lim P\ (k,\ t) \approx 2m^2 k^{-\gamma},\ k \geqslant m,\ \gamma = 1 + \frac{1}{\beta} = 3$$

Degree distribution P obeys a power – law distribution, among γ is called degree index, having nothing to do with the initial state of the system. However, such method to calculate the degree distribution for the small degree has a large deviation.

2. Markov chain method

For complex network model of growth, the mean – field method may fail sometimes, when if comes to the situation with increasing and decreasing relation to logarithmic growth model and more complex relation between nodes in the network. So exploring new method of network distribution calculation has important theoretical significance and practical value. Shi Dinghua[5] etc. opened the door of mature applied markov chain method linked with markov chains theory and network. Let time i join logistics network node and marked as I, the degree $k_i\ (t)$ of node I at time step k is a random variable. For fixed t, $k_i\ (t)$ is a random variable, but evolution t, $k_i\ (t)$ is non – homogeneous Markov chain. The parameter space of random process $T=\ (i,\ i+1,\ i+2,\ \cdots)$, the state space$\Omega=\ (m,\ m+1,\ m+2,\ \cdots)$. Obviously, $k_i\ (t)$ is a nonhomogeneous markov chains. Because, according to BA model, the first process $k_i\ (t)\ T+1$ step only depends on the values in the first step t values, and has nothing to do with the value in each step before. Using the theory of markov chains, the degree distribution can be solved by rectangular iterative algorithm. The Markov chain method opens the door to the application of mature mathematical tools. Hou Zhenting etc. used probability of markov chain first doing the research of BA model. We refer to this method, called Markov chain's first law of probability. This method includes three key steps: Establishment of the first degree of probability and probability relations, derive $P\ (k,\ t)$ expressions and limit calculation, finally got the degree distribution permiting the strict bright of the existence and its expression.

In the $t+1$ time step, the probability of making t time step for the k node degree increases 1 is $m\Pi(k)\ =\dfrac{k}{\sum_i k_j}=\dfrac{k}{2t+N_0/m}$, thus, if $k=m,\ m+1,\ \cdots,\ m+t-i$, it comes to:

$$P\ \{k_i\ (t+1)\ =l\mid k_i\ (t)\ =k\}\ =\begin{cases}1-\ [k/\ (2t+N_0/m)\ ],\ l=k\\ 0,\ otherwise\\ [k/\ (2t+N_0/m)\ ],\ l=k+1\end{cases}$$

Lemma 1:

The BA model in the premise of $m\Pi$, if $k>m$, it comes to:

$$f\ (k,\ i,\ s)\ =P\ (k-1,\ i,\ s-1)\ \frac{k-1}{2\ (s-1)\ +N_0/m}$$

$$P(k,i,t) = \sum_{s=i+k-m}^{t} f(k,i,s) \prod_{j=s}^{t-1} \left\{ 1 - \frac{k}{2j + N_0/m} \right\}$$

Lemma 2:

The BA model in the premise of $m\Pi$, if limit$\lim_{t\to\infty} P(m, t)$ exists and independent with the initial network, the limit marked as$P(m)$, and it comes to:

$$P(m) = \lim_{t\to\infty} P(m, t) = 2/(m+2) > 0$$

Lemma 3:

The BA model in the premise of $m\Pi$, to $k > m$, if the limit$\lim_{t\to\infty} P(k-1, t)$ exists, then the limit$\lim_{t\to\infty} P(k, t)$ exists, the limit marked as $P(k)$, and it comes to:

$$P(k) = [(k-1)/(k+2)]\, P(k-1) > 0$$

Lemma:

In the$m\Pi$ premise of BA model, When the time of$k \geqslant m$, the distribution of the network steady degree:

$$P(k) = [2m(m+1)/k(k+1)(k+2)] - 2m^2 k^{-3} > 0$$

Proof see ref[6].

The theorem shows the stability of the degree distribution network exists and obey a power – law distribution.

3. Conclusion

With the booming of the complex network research, provides new avenues of research and supports for all types of complex systems research. This paper uses complex network theory to the study of the logistics network. With the use of mean – field methods and the method of the Markov chain, this paper verified the stable degree distribution of logistics network, indicating that with the time of development, the whole development of the logistics industry will eventually tend to be in a stable state. The power – law degree distribution function form, illustrates there is stronger survival advantage, and stronger competitive strength with high credit, high – quality logistics enterprises, high credit, high production quality manufacturers, which are in the network system of the real logistics. Andit also provides the theoretical guidance to the development of the logistics system.

Acknowledgment

This work was financially supported by the National Natural Science Foundation of China（71272219）, Innovation Program of Shanghai Municipal Education Commission（10YS221）, Shanghai Leading Academic Discipline Project of Shanghai Dianji University（10XKJ01） and Doctoral Innovation Program of Shanghai Maritime University（yc2010029）.

References

［1］ SHEN WEN, YUN CHUN, DENG AIMIN. Logistics and supply chain management［M］. Beijing: People's Communications Press, 2003.

［2］ GUO LEI, XU XIAOMING. Complex network［M］. Shanghai: Shanghai Science and Technology Press, 2006.

［3］ BARABÁSI A L, ALBERT R. Emergence of scaling in random networks［J］. Science, 1999（286）: 509－512.

［4］ BARABÁSI A L, ALBERT R. Mean－field theory for scale－free random network［J］. Phys. A, 1999（272）: 173－187.

［5］ SHI D H, CHEN Q H, LIU L M. Markov chain－based numerical method for degree distributions of growing networks［J］. Phys. Rev. E, 2005（71）: 123－128.

［6］ HOU Z T, KONG X X, SHI D H, CHEN G R. Stability of scale－free networks［J］. arXiv: cond－mat/0004434, 2008（12）: 89－103.

Governance of Bid – rigging in the Bidding

Ni Dongsheng[1] Guan Xiaowei [2]

(1. School of Business, Beijing Wuzi University, Beijing,
2. Business management, Beijing Wuzi University, Beijing)

Abstract: This paper builds the motivation – behavioral model of bid – rigging to explore the reasons of bid – rigging. There are mainly four factors – the revenues, costs, psychodynamic and opportunity of bid – rigging effecting the motivation which lead to the action. This paper analyzes the four factors and gives the corresponding countermeasures.

Keywords: bid – rigging; costs; motivation; opportunity; psychodynamic; revenues

1 The concept of bid – rigging

In order to be the successful bidder, bidders either collude with each other, damaging the interests of project owners, or bidders collude with tenders, agency or evaluation experts, damaging the interests of other bidders or the project owners (in essence, national interests). It is a common means and behaviors to attempt to illegally be the successful bidder in the field of bidding.

2 The reasons of bid – rigging

The reasons of bid – rigging are multiple and complex. In this paper, Cause analysis of bid – rigging can be traced back to the bid – rigging behavior motivation which is internal incentives of the behavior. This paper not only considers the intrinsic psychological factors, but also considers the impact of external factors for the motivation of bid – rigging.

2.1 The motivation of the bid-rigging

The so-called "motivation" is to promote the individual engaging in certain activities, to make the activities toward the target directions and the cause of action to achieve a certain purpose. The motivation is the individual's internal psychological processes; the behavior is the outward manifestation of the inner psychological processes, so the motivation is the direct reason of the behavior.

Needs are the internal condition and incentives are the external cause in stimulating motivation.

Needs are the unbalanced state of the organic body, the performance of organisms on the internal and external environment of stability requirements and become the sources of the organism activities. Needs generate an internal driving force and are kinds of internal stimuli. Incentives are the external factor of driving the organism to produce certain behaviors.

The motivation has three functions as follows: firstly, the activation function, it can stimulate the organism to carry out an activity; the organism with some motivation is very sensitive to certain stimuli, especially for those closely related to the stimulus and motivation. Thereby it stimulates the organism to produce a reaction or an activity. Secondly, guide function, it is guided by certain goals, so the behavior of the organism will point to its target in the role of motivation. Thirdly, enhancements, after the organisms carry out an activity, it can maintain and adjust the intensity and duration of activities. When the activities point to the target, organism's motivation to be strengthened, and thus organism will continue the activities; on the contrary, when the activities deviate from the target, the individual's motivation is not strengthened, the positive of the individual to continue his or her activities is reduced, or the activities may be completely stopped.

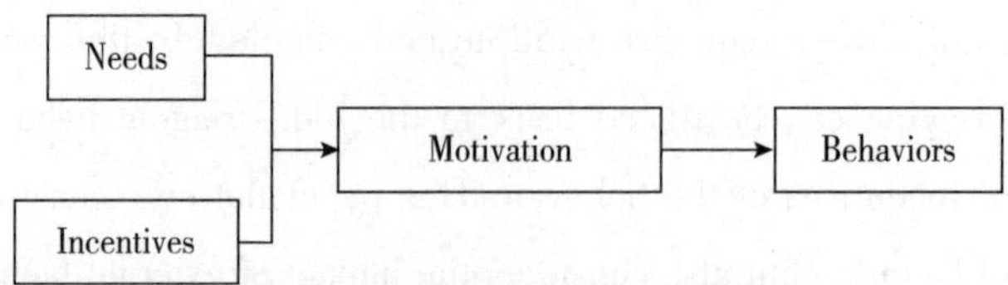

Figure 1 The relationship between motivation and behaviors

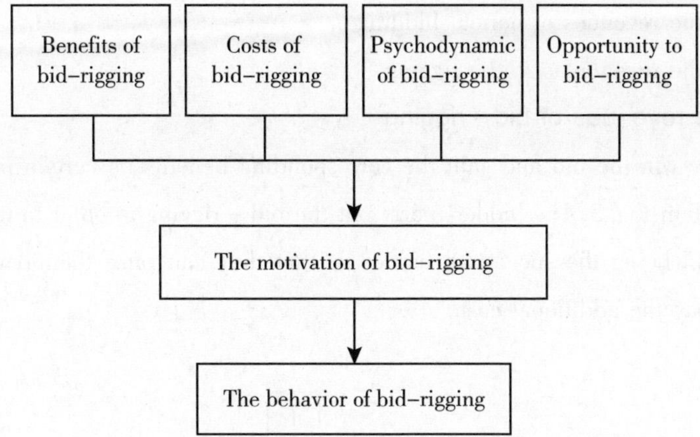

Figure 2 Bid – rigging motivation – behavioral model

The motivation of bid – rigging is the reason of bid – rigging and promotes bidders to implement the behavior. Needs of certain inner causes and external incentives are important driving forces of bid – rigging.

On the basis of previous research, this paper builds bid – rigging motivation – behavioral model to analyze the factors affecting bidders' motivation. There are mainly four factors as shown in Fig. 2.

2.2 Bid – rigging motivation – behavioral model

When bidders decide to select the normal bidding or bid – rigging, they will consider and contrast the costs and benefits, and then make the appropriate selection. The bidders' decisions diagram is shown in Fig 3.

T—the revenues of being the successful bidder

C—the preparation costs of normal bidding

ΔC—the implementation costs of bid – rigging

$C1$—the loss of the punishment being investigated in the failure of bid – rigging

$\Delta C1$—the loss of the punishment being investigated in the successful of bid – rigging – $C1$

$W1$—the probability of winning in normal bidding

$W2$—the probability of winning in bid – rigging

P—the probability of being investigated after the successful of the bid – rigging

$P1$— the probability of being investigated after the failure of bid – rigging

$R1$— the revenues of normal bidding

$R2$— the revenues of bid - rigging

1. The revenues of bid - rigging

Bidders win the bid and gain the corresponding benefits by certain means, expressed as T in Fig. 3. The bidders carry out the bid - rigging in order to increase the probability of being the successful bidder so that they can raise their benefits, but they must pay the additional cost.

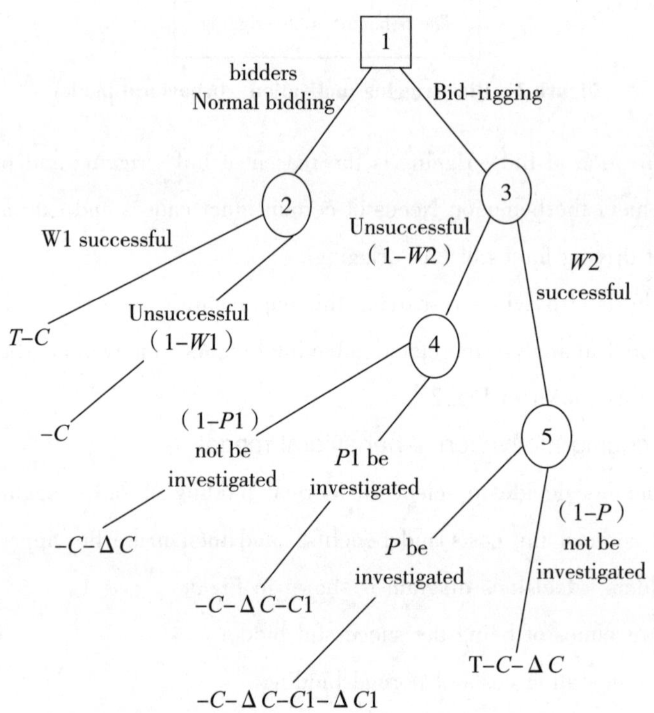

Figure 3 The bidder's decision diagram

The revenues of bid - rigging are difference between the revenues of being the successful bidder and the related costs to rig - bidding.

2. The costs of bid - rigging

There are three kinds of costs in Fig. 3. C is the preparation costs of normal bidding, as long as bidders take part in the bidding, this part of the costs will occur. In order to ensure the smooth progress of bid - rigging, bidders need to pay additional costsΔC, that is the implementation costs of bid – rigging. In general, *ΔC is much higher than C.* Implementing bid – rigging may be investigated, if a bidder won the bid and were investigated , he would suffer the punishment loss composing of two parts ($C1 + \Delta C1$); if the bidder did not win the bid, the punishment loss is smaller, containing only $C1$. Hence, ($C1 + \Delta C1$) is the risk costs of bidders bearing the mental stress and material loss after they carrying out bid – rigging. All in all, the costs of bid – rigging are both the implementation costs and the risk costs of bid – rigging. When the costs of bid – rigging increase, the benefits relatively reduce.

When bidders decide to select the normal bidding or bid – rigging, they will consider the costs and benefits, specific as follows.

By the bidder decision diagram shows:

$$R1 = W1 \times (T - C) + (1 - W1) \times (-C) = W1 \times T - C$$

$$\begin{aligned} R2 &= (1 - W2) \times [P1 \times (-C - \Delta C - C1) + (1 - P1) \times (-C - \Delta C)] + \\ &\quad W2 \times [P \times (-C - \Delta C - C1 - \Delta C1) + (1 - P) \times (T - C - \Delta C)] \\ &= W2 \times (T - PT - PC1 - P\Delta C1) - P1 \times (1 + C1) - (C + \Delta C) \end{aligned}$$

$$\begin{aligned} \Delta R &= R1 - R2 \\ &= W1 \times T - C - [W2 \times (T - PT - PC1 - P\Delta C1) - P1 \times (1 + C1) - (C + \Delta C)] \\ &= (W1 - W2) \times T + W2 (PT + PC1 + P\Delta C1) + P1 \times (1 + C1) + \Delta C \end{aligned}$$

When $R1 < 0$ and $R2 < 0$, bidders' benefits are less than zero. That means no matter what choice bidders make, they would be faced with a loss, so bidders do not join in the bidding.

When $R1 < 0$ and $R2 > 0$, bidders select the normal bidding , their income is less than zero, and to choose bid – rigging can get positive income, then they may choose bid – rigging.

When $R1 > 0$ and $R2$, < 0, bidders choosing normal bidding will gain income, and selecting bid – rigging will gain loss, so they will choose normal bidding.

From $R1 = W1 \times TC$, we can see, when $W1 < C/T$, bidders do not choose to participate in normal bidding. In practice, the successful bidder gains T is much larger, while the preparation cost of the normal bidding is relatively smaller, so when they think the slim hope of the success of normal bidding, they will not take part in bidding or select bid - rigging.

When $R1 > 0$ and $R2 > 0$, bidders choosing to normal bidding or bid - rigging will receive revenues. Due to the "economic man" assumption of rationality, bidders will choose the larger income items. If$\Delta R < 0$, bidders will choose bid - rigging; if$\Delta R > 0$, they will choose normal bidding.

However, in reality due to the bidders' rationality limited, they tend to adverse risk. When $R1 > 0$, this can be regarded as bid revenues and the risks of bid - rigging are larger. At this point, bidders choose to adverse risk. If the difference between $R1$ and $R2$ is not large, and$\Delta R < 0$, bidders will still choose normal bidding.

For high possibility of bidders to choose normal bidding , it needs to try to make$\Delta R > 0$ or close to 0. $\Delta R = (W1 - W2) \times T + W2 (PT + PC1 + P\Delta C1) + P1 \times (1 + C1) + \Delta C -$ (1), drawn on $W1$ partial derivatives : $\frac{a\Delta R}{aW1} = T > 0$. it shows that increasing the probability of making bidders attend the normal bidding will help to curb bid - rigging.

Drawn on $W2$ partial derivatives:

$\frac{a\Delta R}{aW2} = PT + PC1 + P\Delta C1 - T$ it shows that the results cannot be judged as positive or negative, there are many factors impacting on bid - rigging. In order to curb bid - rigging, it is useful to minimize the probability of bid - rigging. This means increasing the investigatior in and punishment of bid - rigging.

Drawn on P partial derivatives:

$\frac{a\Delta R}{aP} = W2 \times T + W2 \times \Delta C1 > 0$, we can see the greater probability of being investigated after the successful of bid - rigging, the smaller possibility of bidders choosing bid - rigging.

Drawn on $P1$ partial derivatives: $\frac{a\Delta R}{aP1} = 1 + C1 > 0$, we can see, the greater probability of being investigated after the failure of bid - rigging, the smaller possibility of bidders choosing bid - rigging. Therefore, in practice, once the traces of the implementation of bid - rigging are, it should conduct further investigations.

Drawn on C1 andΔC1 partial derivatives:

$\frac{a\Delta R}{aC1} = W2P + P1 > 0$; $\frac{a\Delta R}{a\Delta C1} = W2P > 0$, we can see, the greater loss of the punishment be investigated in bid – rigging, the less possibility bidders choose bid – rigging.

Drawn onΔC partial derivatives: $\frac{a\Delta R}{a\Delta C} = 1 > 0$, we can see, the greater implementation costs of bid – rigging, the less possibility bidders choose bid – rigging. Therefore, increasing the implementation costs of bid – rigging can help to decrease bid – rigging.

3. Psychodynamic of bid – rigging

Bid – rigging is a kind of groups' behavior. The so – called "groups" are the crowds of some common activities which are two or more people to achieve common goals in a certain way. From the definition of bid – rigging, it is easy to see the bid – rigging crowds in line with the concept of groups, and thus the bid – rigging groups with the general criminal groups have common psychological characteristics, analysed as follows:

(1) Herd behaviors under groups' awareness and pressure

For bid – rigging groups, once formed, the members of the groups will produce psychological awareness of belonging to the group and of voluntary action in accordance with the will of the groups. The awareness , on the one hand , enable the individual to reduce the loss of their analytical skills and understanding; on the other hand, it greatly enhances the cohesion of the groups, so that groups' members in a fun, understanding, values and behaviors produce more and more unified thinking. The invisible psychological pressure to the members of the groups may impel them abandoning their original understanding and obeying the groups' behaviors.

(2) Sympathetic effects of emotional

Sympathetic effect of groups' emotions is the transfer of emotions, cross contamination and mutual influence changing the nature of the acts. If bid – rigging groups are together, a bidder proposed the idea of bid – rigging, it stirs up the impulse of another, and this impulse will stimulate the desire of the third result in further promoting bid – rigging.

(3) Guilt proliferation flu

Guilt proliferation flu is a kind of psychological feeling brought by many people in bid – rigging groups sharing the common consequences so that unnecessary to assume full responsibility. Psychology tends to make the collusive tendering process. The individual does not bear a deep sense of guilt, and relieve their inner self – blame.

(4) The regression of self – consciousness

Most people in groups often lose self – consciousness. It is different between in groups and alone to a person's behavior. Commonly, the more the members of groups lack self – consciousness, the more their behaviors lack sense of responsibility and are more destructive.

4. The opportunity to bid – rigging

The external incentive of bid – rigging motivation is the conditions in enticing bidders not being found to complete bid – rigging.

(1) Bidding legal system is not perfect

At present, related to the relevant provisions of the bidding include the "Tendering" "Government Procurement Law" "Construction Law" the "auction" "Contract Law" "not anti – competition law" and many other national bidding and local normative documents. But due to the different introduction's time and background of relevant legal and regulatory documents, the relevant provisions are different and even conflicting. The provisions of the bid – rigging tend to principles in the relevant laws and regulations and some concepts are vague, which means loopholes in operation and providing a platform for some lawbreakers.

(2) Supervision system is not perfect

The responsibility of investigating and dealing with bid – rigging is related to the various departments including the Business Sector, the Judiciary and Administrative Departments of various industries, which make their management practices to different policies. The difference of relevant provisions, law enforcement scale and intensity in different department makes the system of supervision disharmony. What's more, means of market surveillance is relatively backward. Although bidding trading centers or trading center of public resources have been built and some major projects are also included in the unified trading in the market, oversight means remains to be further improved.

(3) Market credit system is not perfect

Credit is the cornerstone of the market economy. On the one hand, China is in the initial stage of the socialist market economy. People in their daily lives succumb easily to "power" and "relationship"; On the other hand, China has not established a unified information platform and query system of bidding, so that It's not easy to punish the speculators who are engaged in bid – riqqing. Thus it is difficult to form a situation of "one illegal, nationwide (all province) limited". This means the probability of being successful bidder to normal bidding is small, and the risk of bid – rigging is small.

3 Governance of bid – rigging

From the above all, we learn that four aspects benefits , costs, psychodynamic of bid – rigging and the opportunity to bid – rigging together effecting the motivation of bid – rigging, which eventually lead to bid – rigging acts. To curb bid – rigging, we can consider the four corresponding aspects.

3.1 Balance the benefits and costs of bidders

From the above analysis of the benefits and costs of bid – rigging we learn that when bidders believe normal bidding is profitable, they would consider selecting normal bidding, but it largely depends the probability of winning in normal bidding. Bidders selecting normal bidding can gain income, only when bid – rigging income is much larger than the normal bidding. Therefore, it is wise to reduce the income of bid – rigging and increase the costs of bid – rigging by reducing the probability of successful bid – rigging, increasing the costs of bid – rigging, raising the probability of being investigated after bid – rigging and enhance punishment of bid – rigging.

3.2 Reduce psychological dynamics

The behavior of bid - rigging is a kind of groups' behavior promoted by the psychological dynamics of their groups. It is useful to reduce the power of groups' psychology role for reducing the probability of bid - rigging by reducing the bid - rigging groups' opportunities to contact.

3.3 Reduce opportunities

It is important to decrease the opportunity to bid - rigging for cutting back the probability of bid - rigging by improving the legal system, supervision system and market credit system.

References

[1] LI PING QING. The study of prevention of corruption strategy in the bidding - Gansu [D]. Lanzhou University, 2010.

[2] DE YUN KONG. The empirical study of corruption motivation [D]. University of Science and Technology of China, 2009.

[3] CHONG ZU XIAO. Collusion analysis in the Engineering bidding [J]. Scientific Management, 2007, 91.

[4] FU JIU. The measures of preventing bid - rigging on the highway [J]. Shanxi Transportation Research, 2011: 88 - 90.

[5] RU GUO FAN, DAN LI. The behaviors and measures analysis in bid - rigging in the Engineering bidding basing on evolutionary game [J]. Value Engineering, 2011: 64 - 66.

[6] YU CHAO WANG, DAN FENG WENG. The reasons and measures analysis of bid - rigging for the project bidding [J]. China Electric Power Education, 2009: 263 - 264.

[7] ZHONG LI LIU, XIAO YAN ZHU. The measures of preventing bid - rigging [J]. Didding and Management, 2011: 5 - 9.

[8] YONG GANG MAO. The study of preventing bid - rigging [J]. Economics and Management, 2010: 106 - 107.

[9] XIAO MING SONG. Criminal Psychology [M]. Beijing: People's Public Security Publishing House, 2005.

[10] KOKI ARAI, IKUO ISHIBASHI, RIEKO ISHII - ISHIBASHI. Research and analysis on bid rigging mechanisms [J]. Japan and the World Economy, 2011: 1 -5.

[11] JARROD TREVATHAN, WAYNE READ. Investigating shill bidding behaviors involving colluding bidders [J]. Journal of computers, 2007: 63 -75.

[12] YVAN LENGWILER, ELMAR WOLFSTETTER. Auctions and corruption: an analysis of bid rigging by acorrupt auctioneer [J]. Journal of Economic Dynamics and Control, 2010: 1872 - 1892.

[13] M ASCE, E AWWAD. Below - average bidding method [J]. Journal of Construction Engineering and Management, 2010: 936 -946.

[14] DAVID WILLIAM CATTELL, PPUL ANTHONY BOWEN, AMMAR P KAKA. The risks of unbalanced bidding [J]. Construction Management and Economics, 2010: 333 -334.

[15] SIMON PARSONS, JUAN A, MARK KLEIN. Auctions and bidding: a guide for computer scientists [J]. ACM Computing Surveys, 2011, 43 (2): 10.

Relationship between IT Service Level and Asset Category of 3PLs

Qi Yan

(Beijing Wuzi University, Beijing, 101149)

Abstract: This paper takes the "TOP100 - 3PL providers" selected by *Inbound Logistics* in 2009 as samples to verify the correlation between IT service level and asset category by use of Levene's test method. On the basis of the conclusion that the two are unrelated with each other, it comes up with the suggestion that 3PLs should develop IT services independently of asset categories.

Keywords: IT service Level; asset category; Levene's test method; 3PL

1 Introduction

As a matter of fact, many third - party logistics providers (3PLs) hesitate in making a move whether to increase their IT investment or not in China. On one hand, IT services including RFID, VISIBILITY and CRM play an increasingly important role in improving 3PLs' competitiveness. On the other hand, 3PLs would be exposed to huge risks of high costs when enhancing their IT services. To help 3PLs better understand the relationship between IT service level and corporate asset category and strengthen their confidence and determination in IT investment, this paper explores the relationship between IT service level and corporate asset category through empirical analysis, in the hope of drawing a convincing conclusion.

Do all types of 3PL need high – quality IT services? In reality, are there differences in the choice of IT services between 3PLs of different types? What is the relationship between corporate asset structure and IT service level? In order to find answers to those questions, this paper takes the "TOP100 – 3PL providers" selected by the U. S. magazine *Inbound Logistics* as samples and embarks on empirical analysis by use of SPSS statistical methodologies.

It should be noted that in China there are a lot of qualitative research regarding the meaning and effectiveness of 3PLs' offering of IT services, as well as a number of achievements in specific implementation methods of logistics IT services, but few quantitative or empirical studies on IT service level of 3PLs of different types. This paper just aims to fill this gap. However, it has to address the challenge of too little publicly disclosed information, as is the orthodox difficulty in quantitative research. As more specific information is available from the "TOP100 – 3PL providers", which provides the basis for statistical analysis, they are chosen by this paper as samples.

2 Research design

2. 1 Research question

This study is to verify whether there are differences in IT services between the 3PL samples that have different asset structures, identify what kinds of differences they are (if any) and draw a general conclusion, so as to provide a basis for 3PLs' decision – making. Therefore, the to – be – answered question can be described as follows: are there significant differences in the level of IT services between 3PLs of different types? Here, the type of 3PL is defined according to corporate asset structure.

2. 2 Hypothesis

1. Basic theory and analysis

Based on their assets, 3PLs can be divided into three categories: Asset (A – 3PLs), Non – asset (N – 3PLs) and Blended (B – 3PLs). Amongst, A – 3PLs refer to logistics providers who own logistics infrastructure and fixed assets such as fleet and warehouse and are meanwhile engaged in shipment and warehousing operations. N - 3PLs, as professional managed service providers, do not possess or directly lease logistics assets, but largely provide customers with professional logistics management including human resources and advanced logistics management systems. And B - 3PLs mean enterprises having branches of the above two types. In reality, after years of development, a large number of moderate - scaled logistics providers have embarked on the trend of two - way integration. That is, in various ways such as merger and acquisition, pure A - 3PLs expand to N - 3PLs' operations, and vise versa, thus creating a new paradigm of 3PLs combining business models of both A - and N - 3PLs.

IT service level can be quantitatively evaluated based on the number of IT service items provided by 3PLs. Since the number of items is the basic condition in measuring the level, high level of IT services is impossible without basic IT service items provided. Therefore in this paper, the mean of number of IT service items provided by 3PLs is used to reflect their level of IT services. The larger the mean is, the higher level of IT services would be. By comparing the differences in the mean of number of IT service items, this paper identifies the differences in IT service level. And by use of the hypothesis test method, the paper verifies the significance level of the differences.

2. Hypothesis

This study is to draw the conclusion regarding whether there is significant difference in IT services between 3PLs of different categories, thus presenting hypothesis 1 including the null and alternative hypothesis.

Hypothesis 1:

Null hypothesis $H1_0$: there is significant difference in IT services between 3PLs of different categories;

Alternative hypothesis $H1_1$: there's no significant difference in IT services between 3PLs of different categories.

Since there are three different asset categories, the comparison should be pairwise in order to facilitate verification. Thus hypothesis 1 is converted to the following three hypotheses.

Hypothesis 2:

Null hypothesis $H2_0$: there is significant difference in IT services between N - and A - 3PLs;

Alternative hypothesis $H2_1$: there's no significant difference in IT services between N - and A - 3PLs;

Hypothesis 3:

Null hypothesis $H3_0$: there is significant difference in IT services between N - and B - 3PLs;

Alternative hypothesis $H3_1$: there's no significant difference in IT services between N - and B - 3PLs;

Hypothesis 4:

Null hypothesis $H4_0$: there is significant difference in IT services between A - and B - 3PLs;

Alternative hypothesis $H4_1$: there's no significant difference in IT services between A - and B - 3PLs;

Since in this study the number of IT service items provided by the 3PL samples reflects their IT service level, the above hypotheses can be respectively translated into:

Hypothesis 5:

Null hypothesis $H5_0$: there is significant difference in the number of IT service items between N - and A - 3PLs;

Alternative hypothesis $H5_1$: there's no significant difference in the number of IT service items between N - and A - 3PLs;

Hypothesis 6:

Null hypothesis $H6_0$: there is significant difference in the number of IT service items between N - and B - 3PLs;

Alternative hypothesis $H6_1$: there's no significant difference in the number of IT service items between N - and B - 3PLs;

Hypothesis 7:

Null hypothesis $H7_0$: there is significant difference in the number of IT service items between A - and B - 3PLs;

Alternative hypothesis $H7_1$: there's no significant difference in the number of IT service items between A - and B - 3PLs.

2.3 Samples and indicators

In the form of online application and evaluation, the*Inbound Logistics* selects the "Top100 - 3PLs" and releases the statistics of their operating status on the website. This study just takes the "TOP100 - 3PL providers" selected by the U. S. magazine in 2008 as representative samples of 3PLs of different categories. ①

Indicators of service items that reflect corporate IT service level include EDI, RFID, WEB ENABLEMENT, VISIBILITY, CRM and the total number of IT service items. Among the 6 indicators, the first 5 are from the statistics released on the website of*Inbound Logistics*. For each item, if it is provided by a certain 3PL, its value should be "1"; if not, its value should be "0". The last indicator, namely the total number of IT service items, is the sum total of the first 5 indicators, so its maximum value is "5", which means the 3PL provides all of these 5 items, and its minimum value is "0", which means the 3PL provides none of these items.

Determined by 3PLs themselves, IT service items are independent of each other in terms of different types of 3PLs. Thus independent sample T test in SPSS can be used to verify the above hypotheses.

1. Results and analysis

By use of the independent sample T test in SPSS16.0, the following results are obtained.

Test results of hypothesis 5 are as follows:

Table 1 **NA - Group Statistics**

	A/N	N	Mean	Std. Deviation	Std. Error Mean
IT	N	48	4.08	.767	.111
	A	11	4.36	1.027	.310

① For details see Annex 1.

Table 2 NA – Independent Samples Test

	Levene's Test for Equality of Variances		t – test for Equality of Means						
	F	Sig.	t	df	Sig. (2 – tailed)	Mean Difference	Std. Error Difference	99% Confidence Interval of the Difference	
								Lower	Upper
Equal variances assumed	1. 880	. 176	–1. 024	57	. 310	–. 280	. 274	– 1. 010	. 449
Equal variances not assumed			–. 852	12. 678	. 410	–. 280	. 329	– 1. 275	. 714

The mean of number of IT service items is deemed to represent the level of IT services. As is seen from Table 1, N – 3PLs' IT service level is 4. 08 and A – 3PLs 4. 36. On average, A – 3PLs' IT service level is higher than that of N – 3PLs.

As in Levene's test, the F – value = 1. 880 and P – value = 0. 176 > 0. 05, the difference between the two groups of variable variances is statistically insignificant. So in the T test, "equal variance" assumption should be applicable. In the T test, P – value = 0. 310 > 0. 01, and the confidence interval of the difference at a degree of confidence of 99% is (– 1. 010 0. 449), implying that the difference between the mean of the two groups is statistically insignificant. In other words, there's no significant difference in IT service level between A – and N – 3PLs.

Test results of hypothesis 6 are as follows:

Table 3 NB – Group Statistics

	A/N	N	Mean	Std. Deviation	Std. Error Mean
IT	N	48	4. 08	. 767	. 111
	B	41	4. 46	. 674	. 105

Table 4 **NB – Independent Samples Test**

	Levene's Test for Equality of Variances		t – test for Equality of Means						
	F	Sig.	t	df	Sig. (2 – tailed)	Mean Difference	Std. Error Difference	99% Confidence Interval of the Difference	
								Lower	Upper
IT Equal variances assumed	.107	.744	–2.462	87	.016	–.380	.154	–.787	.027
IT Equal variances not assumed			–2.487	86.919	.015	–.380	.153	–.783	.022

As is seen from Table 3, N – 3PLs' IT service level is 4.08 and B – 3PLs 4.46, thus B – 3PLs' IT service level is not only higher than that of N – 3PLs, but also higher than 4.36——that of A – 3PLs.

As in Levene's test F – value = 0.107 and P – value = 0.744 >0.05, the difference between the two groups of variable variances is statistically insignificant. So in the T test, "equal variance assumption" should be applicable. In the T test P – value =0.016 >0.01, and the confidence interval of the difference at a degree of confidence of 99% is – 0.787 0 .027, implying that the difference between the mean of the two groups is statistically insignificant. In other words, there's no significant difference in IT service level between A – and N – 3PLs.

In the same way, T – test results of hypothesis 7 prove that there's no significant difference in IT service level between A – and B – 3PLs.

2. Conclusion

From the above analysis, in the 100 samples, there are 48 * N – 3PLs, the largest group, 41 * B – 3PLs, the second largest, and 11 * A – 3PLs, the smallest. Their IT service levels, represented by the mean of number of IT service items they provide, are 4.08, 4.46 and 4.36 respectively. Although the mean of number of IT service items of B - 3PLs is the highest 4.46 and that of A - 3PLs lowest 4.08, there's little difference between the three by and large, which is also proved by the T test results. Thus this paper comes to the conclusion that①3PLs' IT service level is independent of their asset category; and②outstanding 3PLs——of whichever asset category——all have higher IT service levels, and there's no significant difference therein.

It should be noted that the "TOP100 - 3PL providers" selected by *Inbound Logistics* are all leading 3PLs, thus perhaps the results based on them may not fully or accurately represent all 3PLs in reality. However, beyond all doubt, results of data analysis in terms of those top 3PL representatives have proved the fact that the most outstanding and most well - received 3PLs——of whichever asset category——have the common characteristic: providing high - quality IT services. Therefore, this paper suggests 3PLs to learn from their leading peers, making their IT service investment and development independent of their own asset category, so as to enhance their competitiveness more effectively.

References

[1] JOSEPH O' REILLY. 3PL Perspectives 2010 [J]. Inbound Logistics, 2010: 1 - 10.

[2] TOP100 - 3PL PROVIDERS 2010. inbound logistics [EB/OL]. July 2010. http://www.inboundlogistics.com/digital/top100_3pls_chart2010.pdf.

[3] TOP100 - 3PL PROVIDERS 2009. inbound logistics [EB/OL]. July 2009. http://www.inboundlogistics.com/digital/3pl_top100_chart09.pdf.

The Evolution of Electronic Waste Recycling in China

Zhao Zhang Zhang Junmei Gao He

(School of Business and Tourism Management, Yunnan University, Kunming, 650091)

Abstract: The government has been acting as an important role in the electronic waste recycling. This paper focuses on how the replacement – subsidy program influences e – waste recycling in China. After introducing the inform e – waste recycling in China, the paper analyzes the list of the enterprises that win the tenders and classified the enterprises into five categories: retailer, retailer&collector, collector, collector&recycler and recycler. The implementation of the replacement – subsidy program promote that the formal recycling replaces the informal recycling. According to the situations in different areas, the paper summarized six formal models of e – waste recycling.

Keywords: replacement – subsidy program; recycling evolution; China

1 Introduction

Over the last decades the electronics industry has revolutionized the world: electronic products have become ubiquitous in today's life around the planet. With the popularization of electronic products and lapse of time, the amount of obsolete appliances is increasing each year (Huisman et al., 2007). E – waste is usually regarded as a waste problem, which can cause environmental damage if not dealt with in an appropriate way (Leung et al., 2006; Bi et al., 2007; Deng et al., 2007; Wu et al., 2008; Li et al., 2008; Luo et al., 2009; Zhang and Min, 2009;

Zhao et al., 2009). And the enormous resource impact of electronic equipment is widely overlooked. Besides the direct impact of effective recycling on the resource base of the recycled metals, state of the art recycling operations also considerably contribute to reducing greenhouse gas emissions (Schluep et al., 2009).

Studying the economic and environmental benefits of recovering from closed – loop supply – chain perspective has been and will still be a research hotspot. Closed – loop supply – chain can generate profits by taking back products from consumers and recovering the remaining added value. Depending on the economy of a particular situation, recovery processes may reuse the entire product, selected modules, components, and/or parts (Atasu et al., 2008). Thierry et al. (1995) gave us a system model of closed – loop supply chain, and divided the product recovery into five options: repair, refurbishing, remanufacturing, cannibalization, and recycling.

When the enterprises seek profit by taking back products from consumers and recovering the remaining added value (Guide et al. 2001; Savaskan et al. 2004; Ferguson and Toktay 2006 and Gayer et al. 2007), the government has been acting as an important role in the obsolete products recycling. Various countries have issued series of measures attempting to control energy shortage and environmental deterioration (Japanese Ministry of Environment; European Commission – Environment). In order to spur domestic consumption, curb pollution and develop the circular economy, in June 2009, the Chinese government announced the detailed plan of the country's subsidy for home appliance replacements (China's State Council General Office 2009a). The electronic waste's recycling structure has been significantly affected by the plan.

2 Original Recycling Structure in China

Over the past decades, informal electronic waste recycling is the prevalent recycling practice in China, especially in some coastal regions (Liu et al., 2006; Terazono et al., 2006; Yang et al., 2008, Schluep et al., 2009). The informal e – waste recycling structure can be briefly sketched in Figure 1 (Chi et al., 2011). The recycling chain for e – waste consists of two main subsequent steps: collection and processing (incl. sorting, dismantling, mechanical treatment, refining and disposal). In order to express clearly, the consumers are classified into two categories: primary consumers and replacement consumers. The primary consumer does not have an obsolete product and can purchase a new product directly. The replacement consumer has an obsolete product and should sell his/her obsolete one when he/she purchases a new one.

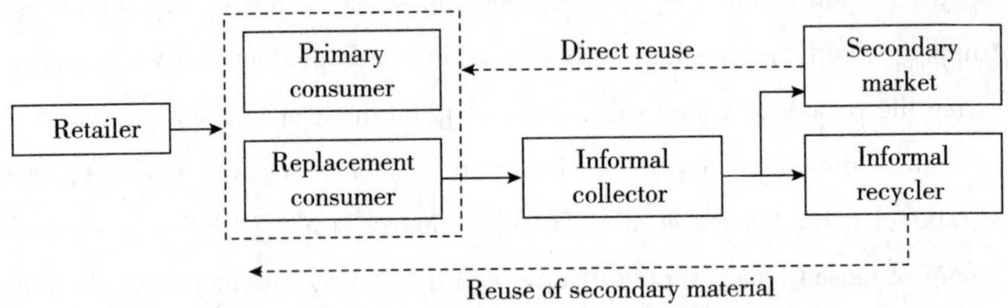

Figure 1 The informal e – waste recycling structure

Informal collectors are able to take obsolete electronic equipments from households at lower prices and treat them in the informal workshops at lower costs (Yang et al., 2008). For formal recyclers, first of all, they do not own household collection networks therefore can not offer the similar door – to – door collection services as informal collectors do. Second, formal recyclers can hardly afford competitive price for old electronic equipment since they have to bear the significant treatment costs by themselves (He et al., 2006). The low profitability of formal recyclers limits their financial abilities to compete with informal collectors in purchasing e – waste from households, aggravating the supply deficiency problem in large e – waste plants yet further.

3 New Recycling Structures in China

According to the policy of home appliance replacement in China, the manufacturers and collectors are determined through bidding, and the recyclers are selected from the existing enterprises by local government (Ministry of Commerce of the People's Republic of China 2010). By the analysing and comparing the list of the enterprises that win the tenders in different areas, all the winning enterprises can be classified into five categories: retailer, retailer&collector, collector, collector&recycler and recycler. The retailer, collector and recycler are eligible for sale, collecting and recycling, respectively (Home Appliance Replacement Management Information System 2011). The retailer&collector can not only sell new products to all consumers, but also collect obsolete products from the replacement consumers. Similarly, the collector&recycler can collect and recycle obsolete products. We can summarize six models of e-waste recycling.

3.1 Model 1

In Jiangsu, Jilin, Inner Mongolia and Tibet, there are only two types of enterprises: retailer&collector and recycler. Table1 shows the numbers of different types of enterprises.

Table 1 The number of enterprises who win the tender

	Retailer	Retailer&Collector	Collector	Collector&Recycler	Recycler
Jiangsu	0	98	0	0	5
Jilin	0	19	0	0	5
Inner Mongolia	0	17	0	0	2
Tibet	0	3	0	0	1

In these areas, both sale and collection are worked by the retailer&collector, and recycling is worked by the recycler. According to this situation, a supply-chain model can be abstracted easily (Figure 2), and this model is called Model 1. This is the most simply one in all the six models.

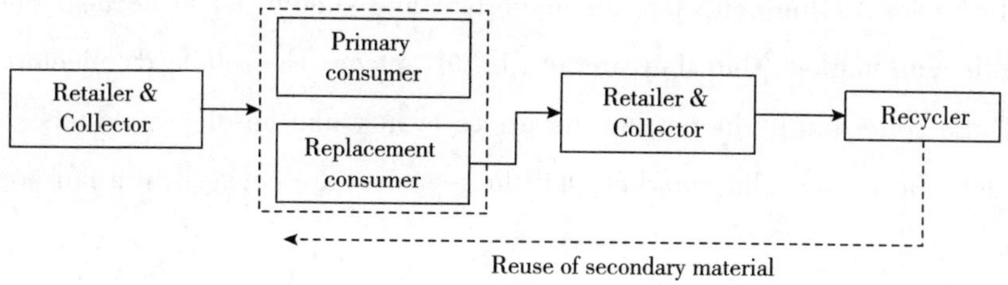

Figure 2 Model 1

In Model 1, all the enterprises are equal. All the retailer&collectors can sell new products and collect obsolete products simultaneously, but without participating in the recycling. The recyclers only provide the recycling function. Two types of enterprises compete in two independent markets.

3.2 Model 2

In Hainan province, there are three types of enterprises: retailer&collector, collector and recycler. Table2 shows the numbers of different types of enterprises.

Table 2 The number of enterprises who win the tender

	Retailer	Retailer&Collector	Collector	Collector&Recycler	Recycler
Hainan	0	13	5	0	2

In these areas, sale is worked by the retailer&collector, collection is worked by the retailer&collector and collector, and recycling is only worked by the recycler. According to this situation, a supply chain model can be abstracted easily (Figure 3), and this model is called Model 2. This model emerges in only one area.

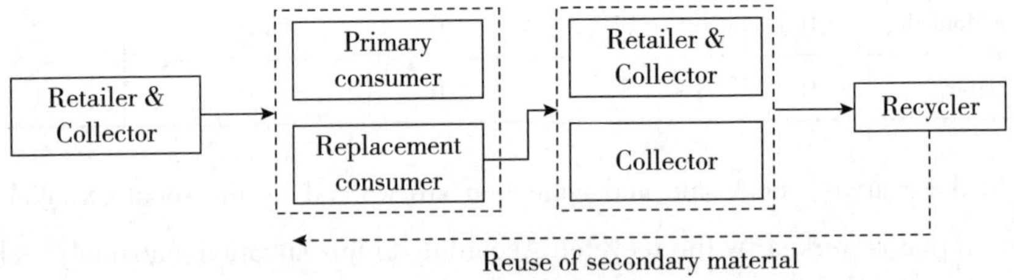

Figure 3 Model 2

In Model 2, the collectors are important and should not to be neglected in the collection market, but they are at a disadvantage. The retailer&collectors can attack the collectors by increasing the prices of new and obsolete products simultaneously. In the recycling market, all the recyclers are engaged in a fair competition.

3.3 Model 3

In Changsha and other 19 areas, there are only four types of enterprises: retailer, retailer&collector, collector and recycler. Table 3 shows the numbers of different types of enterprises.

Table 3　　　　The number of enterprises who win the tender

	Retailer	Retailer&Collector	Collector	Collector&Recycler	Recycler
Changsha	26	13	8	0	2
Chongqing	8	16	4	0	3
Dalian	8	4	8	0	1
Fujian	1	1	4	0	1
Gansu	4	10	5	0	2
Guangdong	23	30	21	0	5
Guangxi	4	28	7	0	1
Hebei	13	27	13	0	3
Heilongjiang	2	24	3	0	2
Hunan	41	29	35	0	4
Jiangxi	24	20	22	0	4
Ningxia	1	15	3	0	1
Qingdao	7	27	4	0	1
Qinghai	3	10	2	0	1
Shanxi	1	16	9	0	4
Shaanxi	3	15	8	0	1
Sichuan	2	24	5	0	4
Xinjiang	3	13	9	0	2
XPCC	3	13	7	0	2
Zhejiang	58	34	55	0	5

In these areas, retailer&collector are engaged in two markets. They sell new products with retailer and collect obsolete products with the collector. In the recycling market, only the recyclers provide the service. According to this situation, a supply chain model can be abstracted easily (Figure 4), and this model is called Model 3. This is the most popular one in all the six models.

On the surface, the retailer&collector leads the markets of sale and collection

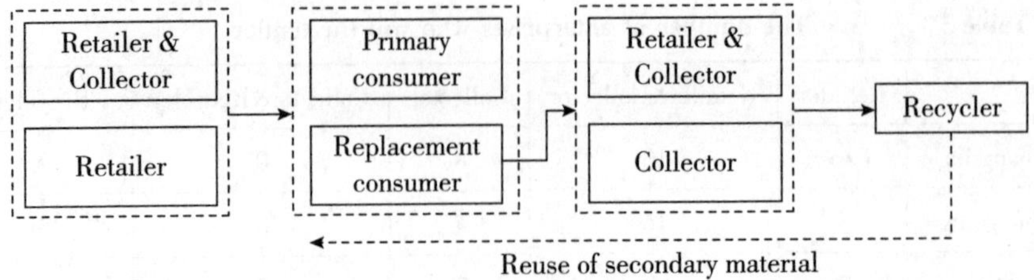

Figure 4 Model 3

into wars. Actually, this is a competition between two chains. The retailer&collectors collect the obsolete products merely from the consumers who purchase the new one from them. The collector merely services the consumers who purchase the new one from the retailer.

3.4 Model 4

In Fuzhou, Shandong, Xiamen and Yunnan, there are four types of enterprises: retailer, retailer&collector, collector and collector&recycler. Table 4 shows the numbers of different types of enterprises.

Table 4 The number of enterprises who win the tender

	Retailer	Retailer&Collector	Collector	Collector&Recycler	Recycler
Fuzhou	20	15	19	1	0
Shandong	2	15	2	2	0
Xiamen	4	11	4	1	0
Yunnan	16	14	3	2	0

In these areas, there are two types of enterprises engaged in two markets: the retailer&collectors provide selling and collecting services; the collector&recyclers provide collecting and recycling services. Only one type of enterprises is specialized in a market: the collectors provide collecting service. According to this situation, a supply chain model can be abstracted easily (Figure 5), and this model is called Model 4.

There is a difference between Models 3 and 4: the recyclers take part in the collecting market or not. Similarly with Model 4, the competition is between two chains. The retailer&collectors collect the obsolete products merely from the consumers who purchase the new one from them. The collector and the collector&recyclers

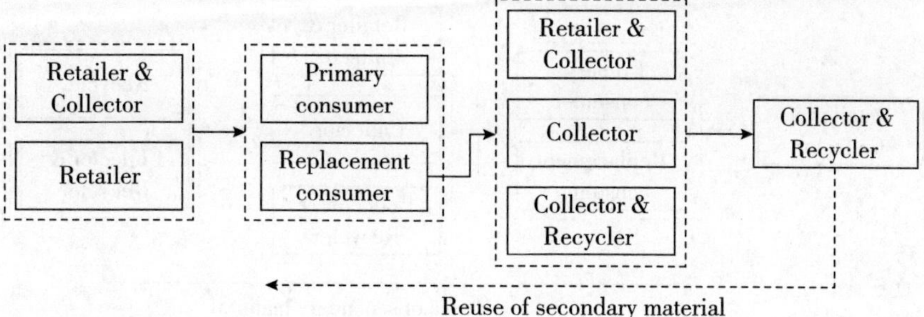

Figure 5 Model 4

merely service the consumers who purchase the new one from the retailer. The collectors have the advantage of collecting network, and the collector&recyclers have the advantage of backward integration.

3.5 Model 5

In Henan province, there are four types of enterprises: retailer&collector, collector, collector&recycler and recycler. Table5 shows the numbers of different types of enterprises.

Table 5 The number of enterprises who win the tender

	Retailer	Retailer&Collector	Collector	Collector&Recycler	Recycler
Henan	0	80	8	1	6

In this area, all the retailers take part in the collecting market, and the collector&recyclers provide collecting and recycling services simultaneously. The reverse supply chain is the most complicated form. In the collecting market, the retailer&collector, the collector and the collector&recycler provide services. In the recycling market, there are two types of enterprises: the collector&recycler and the recycler. According to this situation, a supply chain model can be abstracted easily (Figure 6), and this model is called Model 5.

The competition in the reverse supply chain is ruthless, especially collecting market. The retailer&collector, the collector and the collector&recycler have the advantages of forward integration, collecting network and backward integration, respectively. In the recycling market, the recyclers are at disadvantage. They will com-

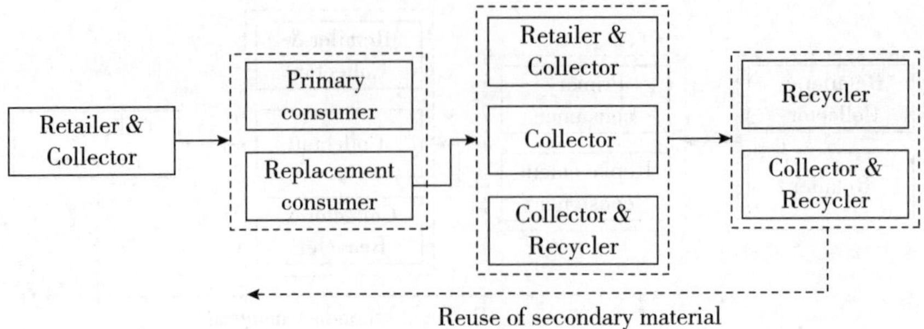

Figure 6 Model 5

pete for the obsolete products which are collected by the retailer&collector, the collector and the collector&recycler. The obsolete products which are collected by the collector&recyclers are recycled by themselves.

3.6 Model 6

In Anhui and other 6 areas, there are five types of enterprises: retailer, retailer&collector, collector, collector&recycler and recycler. Table 6 shows the numbers of different types of enterprises.

Table 6 The number of enterprises who win the tender

	Retailer	Retailer&Collector	Collector	Collector&Recycler	Recycler
Anhui	11	31	17	1	4
Beijing	5	24	6	1	1
Guizhou	6	12	2	1	1
Hubei	7	19	16	1	6
Liaoning	3	12	1	1	2
Shanghai	44	17	11	2	3
Tianjin	7	15	2	2	2

In these areas, similarly with Model 4, there are two types of enterprises engaged in two markets: the retailer&collectors provide selling and collecting services; the collector&recyclers provide collecting and recycling services. In the meantime, there are retailers, collectors and recyclers specialized in the sale, collection and recycling, respectively. According to this situation, a supply chain model can be abstracted easily (Figure 7), and this model is called Model 6. This is the most complicated form in all the six models.

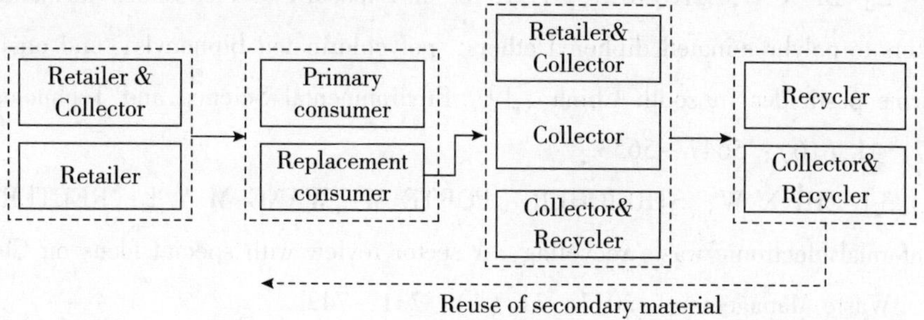

Figure 7 Model 6

The competition in all three stages is ruthless, especially in collecting market. The retailer&collector compete with the union which is made up of the retailer, the collector and the collector&recycler. In the stage of collection, the different types of enterprises have individual advantages. Similarly, with Model 5, in the recycling market, the recyclers are at disadvantage.

4 Conclusions

In recent years, the economic and environmental benefits of recovering electronic wastes have been widely recognized in practice. E – waste can cause environmental damage if not dealt with in an appropriate way. A series of works have focused on the inform recycling in China. The paper has done some work about the replacement subsidy program influencing the e – waste recycling structures. The implementation of the replacement subsidy program promotes that the formal recycling replaces the informal recycling. With the implementation of the waste electrical and electronic products recycling regulations (China's State Council General Office 2009b), the age of informal recycling has already become past in China.

References

[1] ATASU A, GUIDE JR V D R, VAN WASSENHOVE L N. Product reuse

economics in closed – loop supply chain research [J] . Production and Operations Management, 2008, 17 (5): 483 – 496.

[2] BI X H, THOMAS, G O, et al. Exposure of electronics dismantling workers to polybrominated diphenyl ethers, polychlorinated biphenyls, and organochlorine pesticides in south China [J] . Environmental Science and Technology, 2007, 41 (16): 5647 – 5653.

[3] CHI X W, STREICHER – PORTE M, WANG M Y L, REUTER M A. Informal electronic waste recycling: A sector review with special focus on China [J] . Waste Management, 2011, 31 (4): 731 – 742.

[4] China's State Council General Office, 2009a. Detailed plan of the country's subsidy for auto and home appliance replacements. Available at http: //www. gov. cn/zwgk/2009 – 06/03/content_ 1331210. htm (accessed July, 2013 in Chinese) .

[5] China's State Council General Office, 2009b. Waste electrical and electronic products recycling regulations. Available at http: //www. gov. cn/zwgk/2009 – 03/04/content_ 1250419. htm (accessed July, 2013 in Chinese) .

[6] DENG W J, ZHENG J S, BI X H, FU J M, WONG M H. Distribution of PBDEs in air particles from an electronic waste recycling site compared with Guangzhou and Hong Kong, South China [J] . Environment International, 2007, 33 (8): 1063 – 1069.

[7] European Commission Environment Waste. Available at http: //ec. europa. eu/environment/waste/index. htm (accessed July, 2013) .

[8] FERGUSON, M, TOKTAY B. The effect of competition on recovery strategies [J] . Production and Operations Management, 2006, 15 (3): 351 – 368.

[9] GEYER R, L N VAN WASSENHOVE, A ATASU. The economics of remanufacturing under limited component durability and finite product life cycles [J] . Management Science, 2007, 53 (1): 88 – 100.

[10] GUIDE JR V D R, L N VAN WASSENHOVE. Managing product returns for remanufacturing [J] . Production and Operations Management, 2001, 10 (2): 142 – 155.

[11] HE W Z, LI G M, MA X F, WANG H, HUANG J W, XU M,

HUANG C J. WEEE recovery strategies and the WEEE treatment status in China [J]. Journal of Hazardous Materials, 2006, 136 (3): 502-512.

[12] Home Appliance Replacement Management Information System. Enterprises list. Available at http: //jdyjhx. mofcom. gov. cn/website/archives. shtml (accessed July, 2013 in Chinese).

[13] HUISMAN J et al. 2008 Review of Directive 2002/96 on Waste Electrical and Electronic Equipment (WEEE). A report from the United Nations University, 2007.

[14] Japanese Ministry of Environment. Laws. Available at http: //www. env. go. jp/en/laws/index. html (accessed July, 2013).

[15] LEUNG A, CAI Z W, WONG M H. Environmental contamination from electronic waste recycling at Guiyu, southeast China [J]. Journal of Material Cycles and Waste Management, 2006, 8 (2): 21-33.

[16] LUO Y, LUO X J, LIN Z, CHEN S J, LIU J, MAI BX, YANG ZY. Polybrominated diphenyl ethers in road and farmland soils from an e-waste recycling region in Southern China: concentrations, source profiles, and potential dispersion and deposition [J]. Science of the Total Environment, 2009, 407 (3): 1105-1113.

[17] LI Y, XU X J, et al. Monitoring of lead load and its effect on neonatal behavioral neurological assessment scores in Guiyu, an electronic waste recycling town in China [J]. Journal of Environmental Monitoring, 2008, 10 (10): 1233-1238.

[18] LIU X B, TANAKA M, MATSUI Y. Generation amount prediction and material flow analysis of electronic waste: a case study in Beijing, China [J]. Waste Management and Research, 2006, 24 (5): 434-445.

[19] Ministry of Commerce of the People's Republic of China. 2010. The auto and home appliance replacements special. Available at http: //www. mofcom. gov. cn/aarticle/subject/xiaxiang/subjecto/201006/20100606979770. html (accessed July, 2013 in Chinese).

[20] SAVASKAN C, BHATTACHARYA S, VANWASSENHOVE L N. Closed loop supply chain models with product remanufacturing [J]. Management Science, 2004, 50 (2): 239-252.

［21］ SCHLUEP M. et al. Recycling －from e－waste to resources, Sustainable innovation and technology transfer industrial sector studies. A report from the United Nations Environment Programme, 2009.

［22］ TERAZONO A, MURAKAMI S, et al. Current status and research on e－waste issues in Asia ［J］. Journal of Material Cycles and Waste Management, 2006, 8 (1): 1－12.

［23］ THIERRY M, SALOMON M, VAN NUNEN J A E E, et al. Strategic issues in product recovery management ［J］. California Management Review, 1995, 37 (2): 114－135.

［24］ WU J P, LUO X J, et al. Bioaccumulation of polybrominated diphenyl ethers (PBDEs) and polychlorinated biphenyls (PCBs) in wild aquatic species from an electronic waste (e－waste) recycling site in South China ［J］. Environment International, 2008, 34 (8): 1109－1113.

［25］ YANG J X, LU B, XU C. WEEE flow and mitigating measures in China ［J］. Waste Management, 2008, 28 (9): 1589－1597.

［26］ ZHAO G F, WANG Z J, ZHOU H D, ZHAO Q. Burdens of PBBs, PBDEs, and PCBs in tissues of the cancer patients in the e－waste disassembly sites in Zhejiang, China ［J］. Science of the Total Environment, 2009, 407 (17): 4831－4837.

［27］ ZHANG J H, MIN H. Eco－toxicity and metal contamination of paddy soil in an e－wastes recycling area ［J］. Journal of Hazardous Materials, 2009, 165 (1－3): 744－750.

Beijing Fresh Agricultural Products Logistics System Optimization
——The Analysis of the Breaking Point and Kain Model Based on Information Systems

Tian Xue[1] Yang Jianglong[2] Liu Kang[3]

(1, 2, 3. Beijing Wuzi University, Beijing, 101149)

Abstract: This paper presents a research on the Xinfadi wholesale market, Baliqiao wholesale market, Caishu company, the Dengjiayao farmers market, Xihai farmers market, Tiankelong supermarket, Lotte Mart supermarket to understand the status quo of today's fresh agricultural products, and make the optimization of the logistics system. Programs aimed at the origin, Jinxiudadi, Huilongguan, shuitun, Dayanglu, Baliqiao, Shimen, yuegezhuang, Zhongyang, Xinfadi markets as well as government agencies and organizations, enterprises and institutions to optimize its supply, distribution, namely origin to the wholesale market of nine to one supply network optimization, nine wholesale market to government agencies and organizations, enterprises and institutions, such as two distribution network optimization.

Keywords: fresh agricultural products in Beijing; optimization of logistics system; information systems; two – way transportation; joint distribution

1 Introduction

According to the calculation of the Agriculture Commission, Beijing Municipal in 2009, the amount of agricultural products was 13. 823 million tons, a total of 550 million tons of vegetables, 54 varieties; 7. 55 million tons of fruit; 210, 000 tons of pig carcass; 56, 000 tons of beef; mutton 47000ton; 460, 000 tons of rice.

According to the calculation of the Municipal Commission of Commerce, Beijing Municipal in 2009, there are about 730 million tons of vegetables listed. Beijing vegetable self – sufficiency rate is lower, only 5% ~10% of the annual supply of local vegetables. The vegetables listed transport flows to neighboring provinces and cities about 25%; distribution by the distribution companies to the customer's account for about 30%; customers purchase their own about 15% of about 30%; enter the retail terminal.

According to the statistical data of the agricultural product wholesale markets in Beijing Municipal IX, the 2009 transaction a total of 20. 6 million tons of agricultural products, including vegetables 10, 686, 500 tons, accounting for 51. 88%; fruit trading of 8. 1337 million tons. If the market trading volume removed, supermarkets and other retail enterprises purchase directly from the origin very few in number, roughly nine agricultural products wholesale market of vegetables trading volume digital Shishang fruit trading volume with Agriculture Commission the figures are roughly the same.

2 Logistics network analysis

The Beijing Municipal logistics and distribution network supply chain overall lack of organization, the safety and security of the circulation of agricultural products, agricultural products too many transit links, supply and demand information asymmetry, wholesalers fragmented procurement organization, foreign vehicles to hurry back to the way waste of resources, the wholesale market operating the activities of the lack of a distribution network, and other issues.

3 Solutions

3. 1 Origin to nine wholesale markets in a supply network optimization——Information Systems

3. 1. 1 Introduction to information systems

The name of the information system of Beijing Municipal ordering and distribution of agricultural products integrated system, this system has a number of management functions, its management has been the source of fresh agricultural products to the end of government agencies and organizations and supermarkets, but also the return of the vehicle management. At the same time, this system is bound to the user's mobile phone, more convenient and fast, played a cost savings, improve security, strengthen the unified management, improve resource utilization and a series of role.

3. 1. 2 System structure and the introduction

The overall functionality of the integrated system of ordering and distribution of agricultural products in Beijing process is shown in Figure 1.

Each part is explained as follows:

(1) The system registry: enter the correct user name, a password and a verification code to enter the system.

(2) Register: registration for members.

(3) Post buying information: the system can be released through this system Buying Leads.

(4) Member modified: the system members can modify their own information via this button.

(5) Chat live: the system can be released through this system live.

(6) The member confirmed: the wholesale markets and supermarkets can only see the farm products of (such as price), other members of the unit can only see the wholesale market for agricultural products (such as price) .

(7) Agricultural order: nine wholesale markets and supermarkets order can be issued to the agricultural production base, units and other order issued to nine wholesale market information.

(8) Vehicle return management: when the vehicles return to the provinces from Beijing not send empty vehicles are shipped back to the appropriate cargo through this system.

(9) Notice: personnel can enter the event through the system, can also query the event.

(10) System to help: if the user does not understand, they can get assistance through the system.

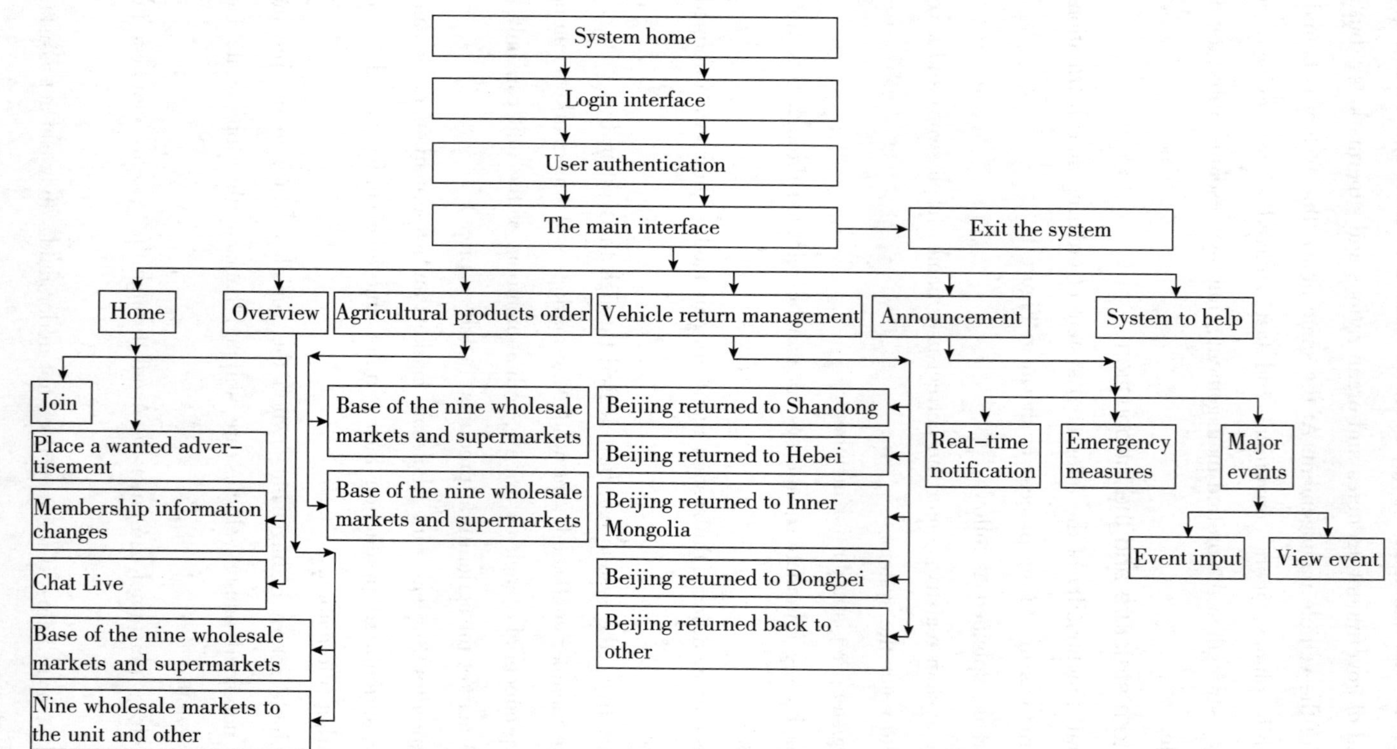

Figure 1 The overall functionality of the integrated system of ordering and distribution of agricultural products in Beijing

(11) Exit the system: exit the Beijing agricultural products to the ordering and delivery of integrated system.

3.2 From nine government agencies and organizations, enterprises and institutions, such as the wholesale market to the secondary distribution network optimization

3.2.1 Breaking point theory

Logistics Park (logistics center, logistics companies, logistics nodes) can be a profound influence on the development of the adjacent areas, and this effect is also due to the size of the park, and as the distance increases gradually signs of abating. In other words, the node of the logistics space surrounding radiation distance attenuation law, in the law of effect, the two space radiation force will reach a balance, an equilibrium point. The the radiation radius there is a balance point between logistics base, the distance of more than the role of logistics capacity will be less than the other logistics base. If the various logistics parks in their role significantly strengthen the business area, intersecting radiation in the logistics area between strengthening cooperation, communication, and can reduce logistics costs, reduce waste, and make all kinds of resources is reasonably possible.

Assumptions:

(1) The calculation of the fracture point: $L_{ik} = \dfrac{L_{ik}}{1 + \sqrt{M_j / M_i}}$, L_{ik} is the i - th distance wholesale market to the breaking point of k, M_i 、M_j is the wholesale market i, j of Trading volume per year of two wholesale market, L_{ij} is the distance of i and j.

(2) Field strength calculation: field strength $= F_{ik} \times \dfrac{M_i}{L_{ik}^{\ 2}}$, F_{ik} is k, i wholesale markets at the breaking point field strength, M_i is wholesale market i Trading volume per year, L_{ik} is i - park size k point radiation force.

(3) Calculation of the radius of the radiation: $R_{ik} = \sum_{k=1}^{n-1} R_{ik} \dfrac{F_{ik}}{\sum_{k=1}^{n-1} F_{ik}}$, R_{ik} is the wholesale market of average radiation radius, F_{ik} is the wholesale markets in the field of the breaking point k.

3.2.2 Wholesale market radiation range calculation

3.2.2.1 Calculation

Results are as follows:

A. wholesale markets between twenty - two of straight - line distance (km):

Table 1 twenty - two wholesale market between the straight - line distance①

Kilo - meter	Jinxiu dadi	Huilong guan	Shui tun	Day - anglu	Bali qiao	Shi men	Yuege zhuang	Zhong yang	Xin fadi
Jinxiudadi		19.45	30.41	23.49	32.25	41.52	6.85	14.94	15.40
Huilongguan	19.45		14.81	31.80	33.58	26.75	24.26	29.52	29.55
Shuitun	30.41	14.81		45.27	46.94	34.51	35.76	43.04	42.37
Dayanglu	23.49	31.80	45.27		15.74	34.35	18.22	12.78	12.73
Baliqiao	32.25	33.58	46.94	15.74		23.83	31.45	28.15	·
Shimen	41.52	26.75	34.51	34.35	23.83		42.37	43.10	42.98
Yuegezhuang	6.85	24.26	35.76	18.22	31.45	42.37		8.26	9.64
Zhongyang	14.94	29.52	43.04	12.78	28.15	43.10	8.26		0.43
Xinfadi	15.40	29.55	42.37	12.73	27.99	42.98	9.64	0.43	

B. 2009 annual volume (tons):

Table 2 2009 nine wholesale market in the trading scheme②

Wholesale market	Jinxiu dadi	Huilong guan	Shui tun	Day - anglu	Bali qiao	Shi men	Yuege zhuang	Zhong yang	Xin fadi
Trading volume of 2009	115	295	144.85	239.24	87	160	60	77	902

① The table data Source: Sogou Map ranging measure.

② Table Data Source: Beijing "12th Five - agricultural products wholesale market construction and development planning research report", Beijing Technology and Business University, 2010.

C. Breaking point obtained by the calculation:

Table 3　　calculate the breaking point

	Jinxiu dadi	Huilong guan	Shui tun	Day－anglu	Bali qiao	Shi men	Yuege zhuang	Zhong yang	Xin fadi
Jinxiudadi		11.97	15.20	13.87	10.93	12.71	9.85	10.57	17.31
Huilongguan	7.48		5.69	15.07	11.19	13.49	9.88	10.75	20.23
Shuitun	14.33	8.71		25.46	19.77	23.20	17.73	19.09	32.32
Dayanglu	9.62	16.73	18.53		17.66	21.12	15.66	16.99	30.98
Baliqiao	17.25	21.76	25.10	9.82		9.06	7.14	7.63	12.01
Shimen	19.05	15.40	15.83	18.90	14.58		13.05	14.07	24.17
Yuegezhuang	3.98	16.72	20.76	12.14	9.95	11.30		9.68	14.48
Zhongyang	8.22	19.54	23.66	8.15	6.58	7.55	5.99		9.89
Xinfadi	4.05	10.75	11.14	4.33	3.02	3.77	2.61	2.88	

D. Calculated field intensity:

Table 4　　calculated field strength

	Jinxiu dadi	Huilong guan	Shui tun	Day－anglu	Bali qiao	Shi men	Yuege zhuang	Zhong yang	Xin fadi
Jinxiudadi		2.06	0.50	1.24	0.73	0.99	0.62	0.69	3.01
Huilongguan	2.06		3.55	1.05	0.69	0.88	0.61	0.67	2.20
Shuitun	0.56	3.89		0.37	0.22	0.30	0.19	0.21	0.86
Dayanglu	1.24	1.05	0.33		0.28	0.36	0.24	0.27	0.94
Baliqiao	0.39	0.62	0.18	2.48		1.95	1.18	1.32	6.25
Shimen	0.32	1.24	0.46	0.67	0.41		0.35	0.39	1.54
Yuegezhuang	7.27	1.06	0.27	1.62	0.88	1.25		0.82	4.30
Zhongyang	1.70	0.77	0.21	3.60	2.01	2.81	1.67		9.22
Xinfadi	7.00	2.55	0.92	12.78	9.56	11.24	8.81	9.29	

E. The calculated radiation radius, and the average radiation radius:

Table 5　Calculated radiation radius and average radiation radius

	Jinxiu dadi	Huilong guan	Shui tun	Day - anglu	Bali qiao	Shi men	Yuege zhuang	Zhong yang	Xin fadi
Jinxiudadi		18. 88	10. 53	5. 62	4. 62	5. 11	3. 70	4. 62	17. 15
Huilongguan	8. 41		75. 13	4. 77	4. 40	4. 54	3. 68	4. 47	12. 55
Shuitun	2. 29	35. 70		1. 67	1. 41	1. 54	1. 14	1. 42	4. 92
Dayanglu	5. 08	9. 67	7. 09		1. 77	1. 85	1. 46	1. 79	5. 35
Baliqiao	1. 58	5. 72	3. 86	11. 23		10. 07	7. 05	8. 87	35. 62
Shimen	1. 30	11. 41	9. 71	3. 03	2. 59		2. 11	2. 61	8. 79
Yuegezhuang	29. 72	9. 69	5. 65	7. 34	5. 57	6. 47		5. 52	24. 49
Zhongyang	6. 96	7. 09	4. 34	16. 28	12. 72	14. 52	10. 01		52. 52
Xinfadi	28. 63	23. 43	19. 59	57. 80	60. 60	58. 08	52. 76	62. 36	
The average radiation radius	10. 50	15. 20	16. 99	13. 47	11. 71	12. 77	10. 24	11. 46	20. 17

Based on the data, joint distribution areas of nine major wholesale markets in Beijing are shown in Figure 2:

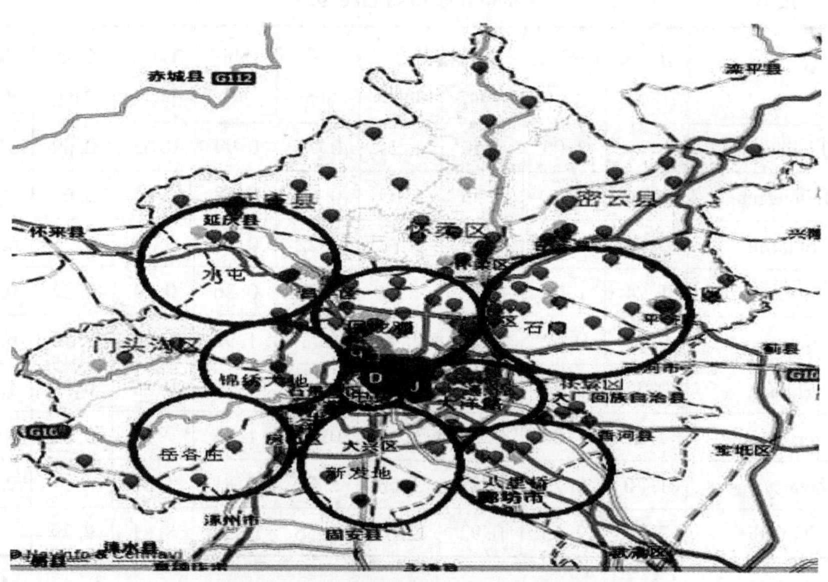

Figure 2　Common distribution area

(circle indicates a common distribution area, the red dot indicates schools and government agencies and organizations)

3.2.2.2 Does not cover the point in the diagram, two situations:

Can be self - sufficient regardless of any of its own in the local procurement; belong to which wholesale market and distribution point in the middle of the three circles determined Kain gravity model.

3.2.2.3 missing point with on Kain attractive model

The formula is: $\frac{B_{ac}}{B_{bc}} = \frac{P_a}{P_b} + \frac{T_{ac}}{T_{bc}} + \frac{S_a}{S_b}$

Among: B_{ac} , B_{bc} : Gravitation of the wholesale market A, B, C, schools, government agencies and organizations;

P_a , P_b : The wholesale A, B of the population;

T_a , T_b : Wholesale market A, B to schools, organizations, groups, C time;

S_a , S_b : Batch of wholesale markets A, B area of operations.

(1) Take the Communication University of China, located in between the Ocean Road sideline products wholesale markets A with Baliqiao, agricultural products wholesale market B, C example.

Table 6 the results of this calculation

	Agricultural products wholesale market of Dayanglu	Agricultural products wholesale market of Baliqiao
Population (fixed the Booth number)	1000	2600
Time Range (min)	31	15
Operating area (m ^ 2)	320000	180000

(2) Calculated: B_{ac}/B_{bc} = 4.23. So it should be by Agricultural products wholesale market of Dayanglu, agricultural and sideline products wholesale markets and distribution for the Communication University of China.

4 Conclusion

Finally, we come to the following conclusions: the distribution of colleges and universities should Baliqiao: Experimental College of Beijing University, Beijing Materials Institute, Beijing Technology and Business University, Jiahua, Beijing University Campus Tongzhou, Beijing Contemporary Music Institute, Canadian School...

Distribution should be carried out by the Glorious Land Market universities: Peking University, People's University, Beijing University of Science and Technology, Chinese Academy of Sciences...

Enumerate here are no longer here, the information system will be accompanying you want to order the agricultural products such as Beijing Materials Institute, simply enter the relevant information in the system, the system automatically displays the distribution market Baliqiao market, this information is also the first time feedback to Baliqiao market.

Distribution network for agricultural products is very important, agricultural distribution channels of distribution network optimization will bring great benefits to the various stakeholders. Beijing agricultural products distribution network optimization Naturally, it is very necessary.

Based on the existing distribution network of fresh agricultural products in Beijing, this program is the integrated use of a variety of ways, from many perspectives to improve the safety of agricultural products, and the purpose of reducing costs on this basis. The following are the results of the program several:

(1) Of the status quo of the logistics of fresh agricultural products in Beijing. Ultimately draw our optimization strategy, namely: services for agricultural products base distribution, wholesale markets and supermarkets are allocated on the nine wholesale market the services of government agencies and organizations, enterprises ultimately reduce costs, improve security purposes.

(2) A supply of agricultural products from the origin to the of nine wholesale market and supermarket network optimization design. In the process, give full consideration to the interests of farmers, the partition of the base service object, and combined with the information system management.

(3) From nine of agricultural products wholesale markets to government agencies and organizations, enterprises and institutions and secondary distribution network optimization design. Similarly, the theoretical breaking point calculated different whole-

sale market service agencies and organizations, enterprises and institutions, the overall planning, to reduce costs, improve agricultural security purposes.

(4) Supporting the use of information systems.

In addition, the program fully take into account the interests of farmers, agricultural produce by the farmers in the area of production, packaging, this part of the profits obtained by the farmers. It is worth mentioning, that the return to the Origin of agricultural products from Beijing, the design of the vehicle without venting back programs, such as Beijing, Shandong, Beijing Shandong Chamber of existing contact other enterprises of different industries, these vehicles need goods shipped back from Beijing to Shandong, reasonable distribution of profits in the process, reduce waste, improve vehicle utilization, bidirectional transport.

References

[1] The Bureau of Statistics of the People's Republic of China. China Statistical Yearbook [Z]. Beijing: China Statistics Press, 2007.

[2] Beijing, 12th Five - agricultural products wholesale market construction and development planning research report. Beijing Technology and Business University, 2010.

[3] LULING, XIAO ZHOU. Agricultural products wholesale market status quo and development trends [J]. Business Studies, 2010 (2).

[4] LI XIAO FEI. Fresh farm produce logistics and distribution organization mode——case of St [D]. Zhejiang University, 2007.

[5] PENGJIA. GIS - based fruit and vegetable direct distribution logistics technology in the logistics business platform [J]. 2007 (10).

基于 GIS 的零售业配送中心选址研究*

徐　旭[1]　刘　伟[2]

（1. 上海海事大学，上海，201306；2. 上海电机学院，上海，201306）

摘要：零售业配送中心选址是物流系统规划中的重要决策问题，为了快速得到合理的零售业配送中心选址方案，针对传统配送中心选址方法的不足，本文提出了基于 GIS 的配送中心选址方法与流程，应用 ARCGIS10. 0 软件，在可视化的地理环境中实现了基于 GIS 的零售业配送中心位置预选，并通过最短路径法，确定最佳的零售业配送中心选址。最后通过实例研究表明该算法的可行性。

关键词：零售业；配送中心；选址；GIS

一、引言

零售业配送中心选址是指在一个经济区域内，有着若干的商品供应点与零售网点，选择一个合适的地址设置配送中心的规划过程。配送中心地址选择适当能降低零售业运营成本，保证零售业物流系统的整体运营效益最好。因此，零售业物流配送中心的合理选址显得十分重要。如果配送中心选址不当，使得配送中心到零售网点的布局不合理，将会造成配送中心周围交通拥堵，进而影响配送中心正常运营，也给城市的经济、社会环境带来巨大的负面效应。从某种程度上来说，配送中心选址的优劣影响着零售业配送中心与零售网点经营的成败。

---

* 项目资助：国家自然科学基金项目资助（71272219）；上海电机学院重点学科资助（10XKJ01）。

二、零售业配送中心选址的理论

对配送中心选址早期的研究主要以混合整数规划模型为主，但由于复杂程度和求解难度，学者常常针对一些实际问题的特殊性，设计出相应的处理方法。传统的物流配送中心的选址与设计过程主要采用地理重心法、CFLP（Capacitated Facility Location Problem）方法和鲍姆尔 - 沃尔夫法等，这些方法对物流配送中心选址具有很好的指导作用，但也存在一些不足，主要表现为：①在这些选址研究中较少考虑自然环境因素，而影响物流配送中心选址的因素非常多，例如根据重心法求得的理论重心有时是无法实现的，这些地点有可能落在江河、高山、及环境恶劣、运输条件极不畅通的地方，这只能作为一种参考；②大多数选址模型在运输费用计算上以直线距离代替现实道路状况下的运输路径距离，其结果与实际的最优位置有一定偏差；③不少选址模型求解过程过于复杂，并且缺乏计算机和决策者之间的动态交互过程，可视性差。针对传统物流配送中心选址模型的不足，本文将地理信息系统（GIS）技术应用到物流配送中心选址中。GIS 具有强大的空间数据管理、处理及分析功能，可结合选址的自然因素和经济因素，GIS 通过电子地图的形式表现数据，从图上可以剔除明显不适合建立物流配送中心的地点，在可视性、交互性的地理环境中进行物流配送中心的预选。

三、基于 GIS 的零售业配送中心选址分析

本文设计的基于 GIS 和遗传算法的物流配送中心选址流程如图 1 所示。

（一）确定选址问题的目标

利用 GIS 进行配送中心选址时，首先要确定选址问题的目标，即合理的配送中心选址是在运输成本最小的前提下实现效益最大化。利用 Arc map 的网络分析中的最短路径模型即可实现上述目标，它用于确定起始点、途经点和终点之间货物运输的最短路径，包括最短距离、最少用时和最低费用等。

（二）准备数据

零售业配送中心的选址需要从多方面采集数据，本文的选址主要是基于 GIS 软件平台，因此数据主要应包括基础地理空间信息、零售业网点信息等。

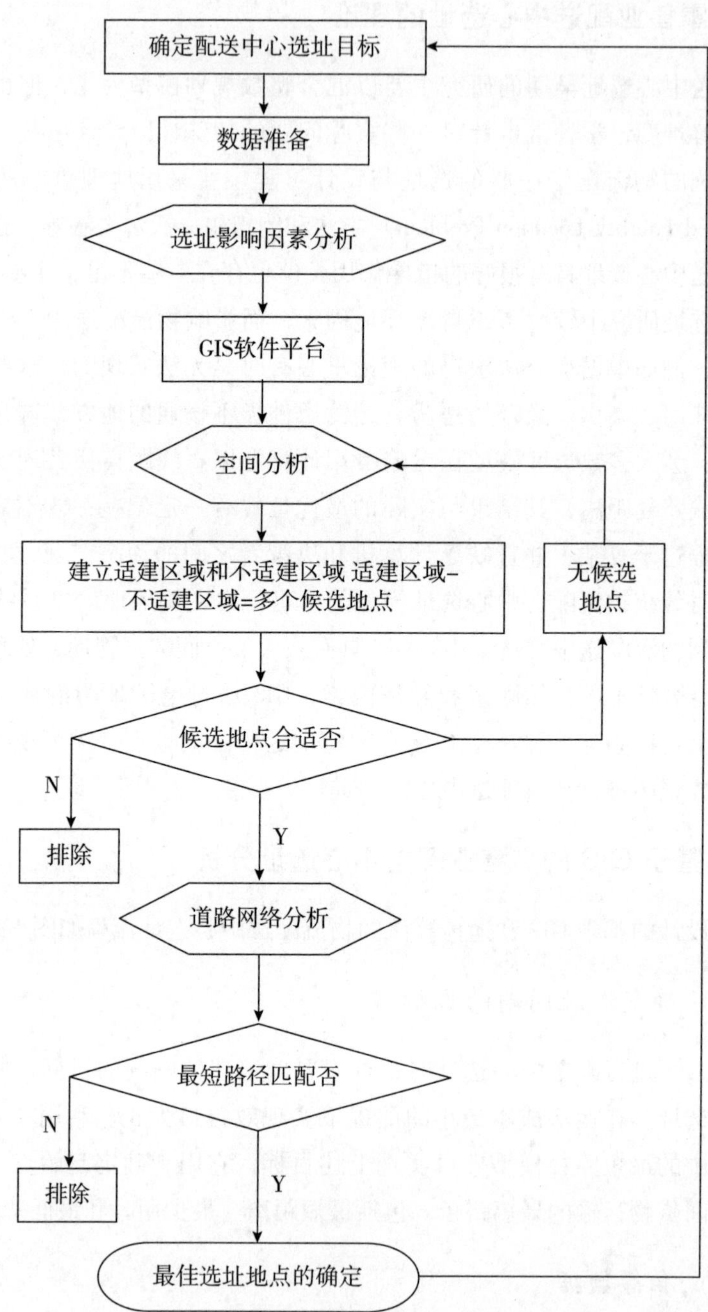

图1　基于GIS的零售业配送中心选址分析流程

收集到的数据可能是图纸、表格、电子数据等，有些直接就可以运用，但是有些还要经过转化，变成 GIS 软件平台所支持的格式。

（三）影响选址的主要因素

在配送中心选址过程中需要考虑到零售网点的分布、交通和自然条件、政策条件、土地和人力资源条件等影响因素。本文主要利用 GIS 分析与地理空间关系较大的因素，如表 1 所示。

表 1　基于 GIS 的配送中心选址步骤

影响因素	评价标准
零售网点的分布	配送中心越接近零售网点，则安全库存量就可控制在较低的水平上
交通和自然条件	交通便利
	气象条件：温度、风力、风向、降水等适中
	地质条件：符合建筑承载力要求
	水文条件：远离泛滥的河流
	地形状况：地形坡度平缓，适宜建筑
政策条件	政策允许，企业密度适中
土地条件	对土地的使用必须符合相关的法令规章

（四）利用 GIS 软件平台确定最佳地点

空间分析是 GIS 的核心，主要的空间分析方法有空间查询、缓冲区分析、叠加分析、空间量算等。本文利用 Arc map 中缓冲区分析居民点周围的情况；用叠加分析对各个缓冲区进行叠加；用测量工具测量候选地点的面积等。

利用 GIS 空间分析功能，建立适宜配送中心选址的图层和不适宜配送中心选址的图层，两个图层叠加，得出的结果有 3 种。①没有候选地点。就需考虑是否条件太苛刻，可以放宽要求，以求得适宜的候选地点。②唯一选址地点。此时可实地考察，看其是否具备建立物流配送中心的条件。若具备，则可确定为最佳选址地点。③一系列离散的候选地点，此时可利用最短路径求解最佳选址地点。根据影响选址的因素排除不符合的候选地点，再利用最短路径模型，确定各候选点与零售网点之间的最短距离，经过分析得出最优路线，最小费用，从而确定最佳地点。

四、实例研究

（一）案例概况

随着城市零售业不断发展，零售业配送需求在不断扩张，超市业作为零售业领域中重要行业，每天需要的配送量相当大。本文利用 Arcgis 为零售业配送中心寻找最佳选址地点。由于利用 GIS 需要的地图数据必须非常精确，在数据采集过程中也有一定的困难，故本文的选址地区范围较小，在这范围内只有四家零售网点。所选地区面积大约 2511247 平方米，所选的零售网点为联华超市，该地区中分布了四家联华超市。地区四周分布了住宅区、工业区、政府规划用地等，有较好的交通条件，多条主干道，目前该地区尚无较大的零售业配送中心。

（二）数据准备

本文利用 Google 地图采集各项数据。通过 Google 地图下载所需的地区，联华超市位置的确定，并通过多方面数据采集，该地区地图数据如图 2 所示，主要包括住宅区、工业区、政府用地、道路、河流等。图中 4 家联华超市是本文所选的零售网点。

（三）确定选址问题的目标及要求

合理的配送中心选址目标是在运输成本最小的前提下实现效益最大化。根据实际情况，确定选址问题的要求主要有以下几点：

（1）地形条件：尽可能建在可开发的平坦荒地上，配送中心面积不低于 2000 平方米。

（2）交通条件：交通方便，根据该地区道路的实际情况，为了便于利用 GIS 进行空间分析，量化为距离主干道路 100 米以内，减少运输费用。

（3）政策条件：配送中心的选择必须符合政策标准，并且不能建于政府用地。

（4）水文条件：不能建于河流及住宅区，尽量不建于河流旁，避免水质

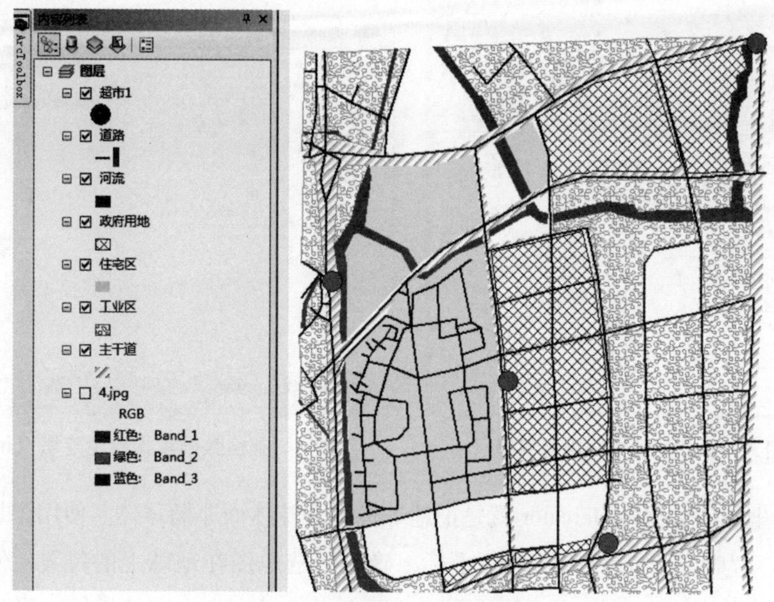

图 2　闵行部分地区地图数据

污染。

(5) 供给需求：距离超市尽量近，满足物品供给需求，量化为距离超市 1 千米以内。

(四) GIS 空间分析得到候选地点

利用 Arcgis 空间分析功能得到零售业配送中心候选地址步骤如下：

(1) 首先，打开并使用 Arcgis 下 Arc Catalog 软件，连接到数据所放至的文件夹。将图导入栅格数据集，将导入的栅格数据集构建金字塔。图 3、图 4 为栅格数据集构建金字塔。金字塔是可提高性能的数据集表示方法。金字塔通过检索使用指定分辨率的数据，可以加快栅格数据的显示速度。利用金字塔，可在绘制整个数据集时快速显示较低分辨率的数据副本。而随着放大操作的进行，各个更精细的分辨率等级将逐渐得到绘制；但性能将保持不变，因为在连续绘制更小的各个区域。数据库服务器会根据用户的显示比例自动选择最适合的金字塔等级。

(2) 打开 Arc map，把所选地图导入至图层中，为了确定所选地图在地球上的地理位置，需要为地图设置投影坐标系，使其能够使用测量工具准确的测量面积及距离。投影名称为 Mercator，使用的地理坐标系为 WGS 1984，图 5

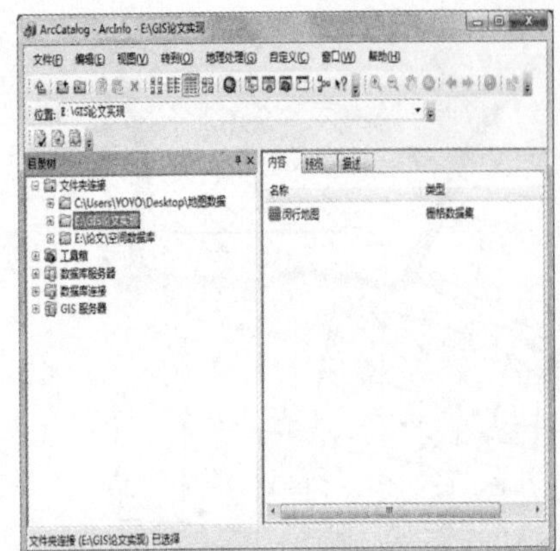

图 3　栅格数据集构建金字塔（a）

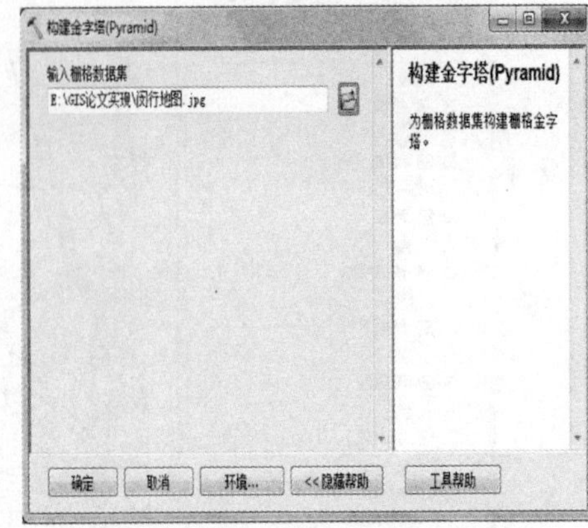

图 4　栅格数据集构建金字塔（b）

为投影坐标属性系。Mercator 就是把地球模拟为球体而非椭球体。使用添加控制点工具，为地图设置相应的地理坐标，确定所选地图在地球上的位置，使让所选地图数据化、真实化。对应 Google 地图上的坐标点，在闵行地图中利用添加控制点工具标注不在一直线上 3 个不同的坐标点，分别为（31.214719，121.311869）（31.209918，121.318752）（31.202756，121.309222）。设置完后，就能进行相关数据的测量。

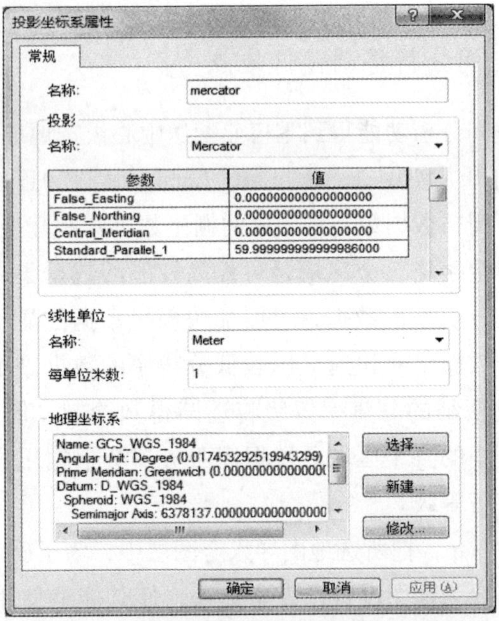

图 5　投影坐标系属性

（3）新建要素数据集，在要素数据集下新建各要素，如河流、住宅区、主干道、政府用地等。绘制以下各要素：

①点要素：超市。根据收集的资料，4 个超市的坐标分别为（31.212141，121.303353）（31.208250，121.313567）（31.221647，121.327643）（31.200762，121.318803）。

②线要素：道路。根据地图，在每个转弯口都要有节点，这样能够确保道路连贯畅通。

③面要素：河流、政府用地、住宅区、工业区、主干道。

绘制好这些要素后，所选地区就能进行空间分析，包括缓冲区、剪裁、叠加、相交、构建道路网络、最短路径的确定等。图 6 是绘制好所有要素后的地图。

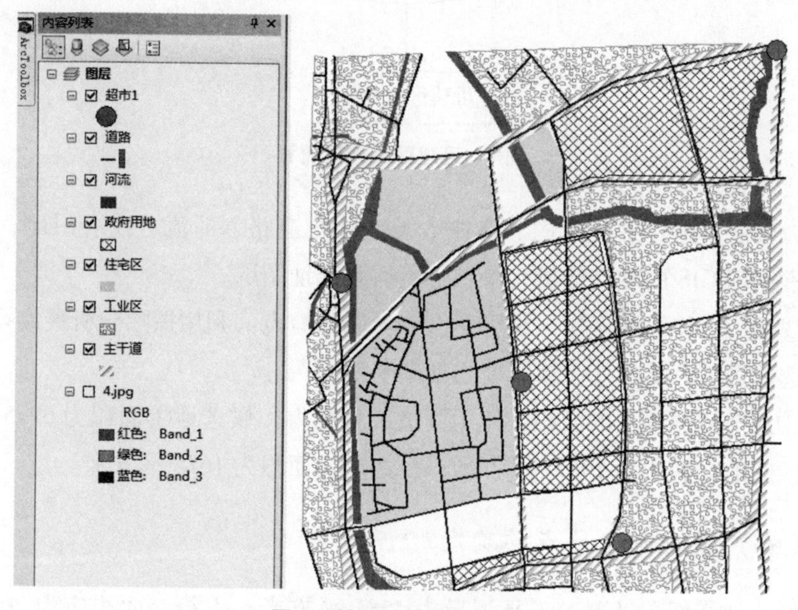

图 6　绘制要素后的地图

（4）根据选址问题的要求，利用 Arc Toolbox 进行空间分析。

①建立适宜配送中心选址图层，可建区域位于主干道内 100 米；距离超市 1000 米以内，利用 GIS 的缓冲区分析和相交分析，得到适宜建立配送中心图层，流程如图 7 所示。

②之后建立不适宜选址图层，不可建区域位于住宅区 100 米以内和道路、

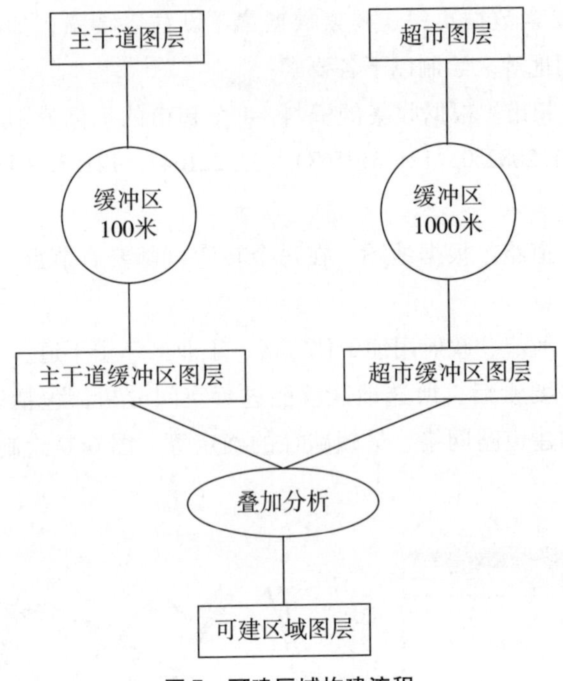

图7　可建区域构建流程

河流、政府用地、工业区内。将住宅缓冲区与道路、河流、政府用地、工业区要素利用 GIS 的相交分析，得到了不适宜选址图层。

③最后，将可建区域 - 不可建区域 = 候选地点。利用擦除分析最终得到 3 个候选地点①、②、③，候选地点如图 8 所示。

④三个候选地点的面积：使用测量工具测得，候选地①面积为 6975 平方米；候选地②面积为 19573 平方米；候选地③面积为 1625 平方米。

（五）最佳选址地点的确定

候选地③面积经测量工具测量为 1581 平方米，不符合面积应为 2000 平方米以上选址标准，故排除候选地③，则最佳选址地点应在候选地①及候选地②中选出。

通过最短路径分析可以求得最佳选址地点。新建网络数据集，选择道路，构建道路网络，并在此网络中构建转弯模型，连通性为任意节点。图 9 为构建好的道路网络，其中的节点是为了保证道路向左向右都能连通。

构建好道路网络后，计算候选地①到 4 家超市的最短距离。在 Network

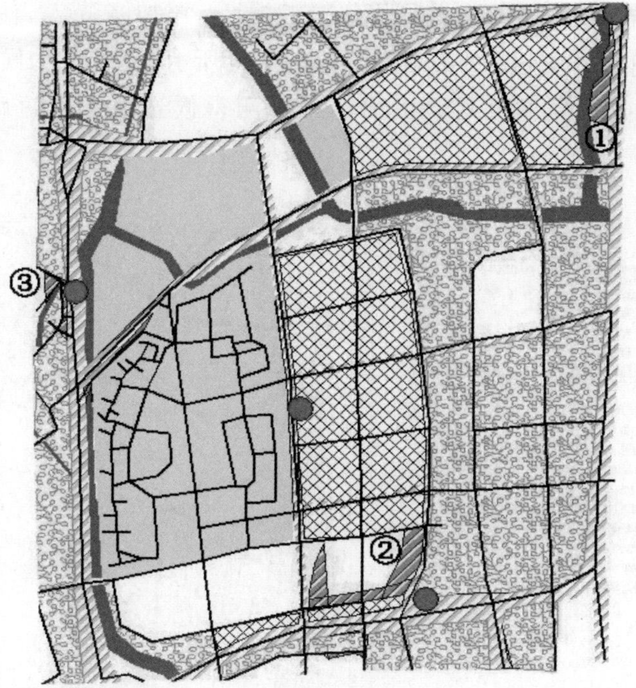

图 8　候选地点

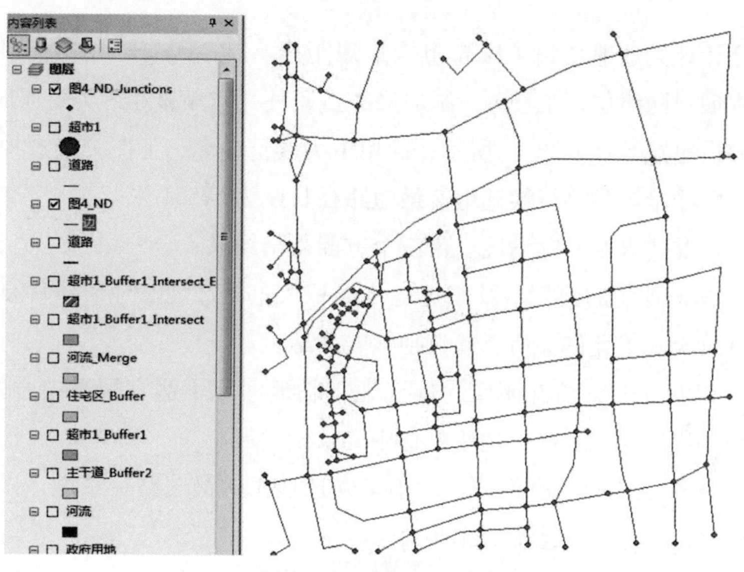

图 9　道路网络节点

Analyst 中新建路径，利用创建网络位置工具，添加停靠点，使用求解得到从候选地①到 4 家超市的最短路径。如图 10 所示，起始 1 为候选地①，图 10 为候选地①的最短路径：由测量工具测得候选地①最短路径长度为 68932 米。

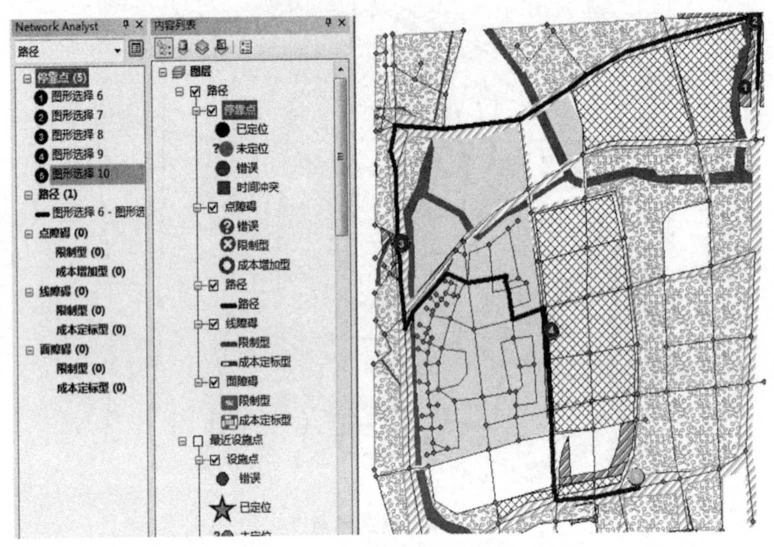

图 10　候选地①的最短路径

同样计算候选地②到 4 家超市的最短距离。在 Network Analyst 中新建路径，利用创建网络位置工具，添加停靠点，使用求解得到从候选地②到 4 家超市的最短路径。如图 11 所示，起始 1 为候选地②，下图为候选地②的最短路径：由测量工具测得候选地②最短路径长度为 67551 米。

综合选址要求及实际情况，由三个方面得出结果：

（1）候选地①的面积不及候选地②面积大，候选地②地质条件良好，适宜建筑且政府政策允许，所以候选地②较为适合。

（2）以实际考察情况来看，候选地①临近河流不适宜配送中心的发展，而候选地②周围为工业区，适于配送中心长期发展。

（3）候选地②的最短路径长度小于候选地①的最短路径长度，以选址目标来确定，候选地②的运输成本小。

综合以上三点，候选地②为本文所选最佳选址地点，适宜建立零售业配送中心。

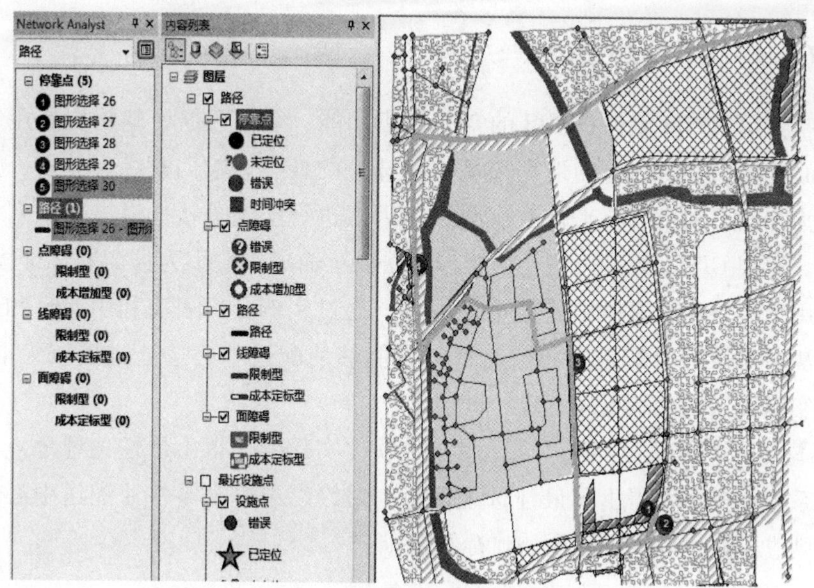

图 11　候选地②的最短路径

五、结论及展望

（一）存在的问题及建议

本文对 GIS 和零售业配送中心进行了选址的研究，作了理论探索和应用研究，得到了最终的结果，但也存在不足之处：

（1）本文利用 GIS 主要在地形方面对配送中心选址进行了分析，各影响因素也多数针对地理地形方面，欠缺对于建立配送中心在经济方面的各种讨论与研究，如运输量、运输费用等，所以得到的选址结果缺乏经济上的研究支持。在以后的研究中可以在获取各零售网点运输数据的条件下，利用蚁群算法、遗传算法等在利用 GIS 得到最终选址结果后，利用各类算法将运输量、运输费用计算出符合经济条件下的零售业配送中心。

（2）另一个不足之处在于采集数据方面，由于利用 GIS 需要的地图数据必须非常精确，在数据采集过程中也有一定的困难，故本文的选址地区范围较小，在这范围内只有 4 家零售网点，基于 4 家零售网点选取一个配送中心，在经济条件方面是非经济的。在有足够的数据支持下，本文的研究方法支持多家零售网点的配送中心选址。

（二）取得的结果

本文运用 GIS 软件将 GIS 的空间分析功能、空间数据处理功能运用于配送中心选址，在可视化的地理环境中将选址的各类影响因素综合分析，使结果更为全面，利用 GIS 平台对这些影响因素进行空间分析，得出一系列候选地点。运用 GIS 下的最短路径功能，建立以运输成本最小为目标的选址模型，并利用最短路径求解得出最佳选址地点。通过实例分析表明利用 GIS 和最短路径法来对零售业配送中心进行选址，能够使配送中心选址过程较为准确，符合实际要求，结果更加直观、科学化。

本文从基本理论开始，至运用 GIS 软件实际操作得出最佳选址地点，通过一系列的操作，得出了最佳选址地点。最终结果符合零售业配送中心选址的原则、配送中心选址问题的目标及要求。

参考文献

［1］李军龙. GIS/GPS 在现代物流管理中的应用研究进展［J］. 赤峰学院学报，2010，26（2）：96－98.

［2］廖秋敏，刘传立. 基于 GIS 的零售业选址问题研究［J］. Scientific Research，2010：969－972.

［3］赖志斌，潘懋. 基于 GIS 的零售商业网点选址评价模型研究［J］. 地理信息世界，2009（2）：22－26.

［4］史占江. 物流配送中心选址及其应用研究［D］. 河南：河南大学，2010.

［5］成律，冯定忠. 不确定需求下配送中心选址研究［J］. 浙江工业大学学报，2012，40（5）：567－569.

［6］贾冬青，孟庆鹏. 渤海新区特色果品（冬枣）全国配送中心选址研究［J］. 安徽农业科学，2011，39（28）：17666－17667.

［7］李胜馨. 基于配送中心优化选址问题的研究［J］. 物流工程与管理，2012，34（8）：71－78.

［8］李新运，梁立魁. 基于 GIS 和粒子群算法的物流配送多中心选址优

化方法及应用［J］．现代管理科学，2011，12：94－96.

［9］黄少先，徐松林．基于 GIS 与灰色聚类评估模型的变电站选址［J］．电力系统保护与控制，2011，39（24）：84－89.

［10］李岫军，徐效波．基于 GIS 的超市选址研究与实现［J］．城市勘测，2011，2：43－45.

［11］耿艳辉．基于 GIS 缓冲区分析的购物中心选址研究［J］．测绘与空间地理信息，2011，34（2）：169－171.

［12］李海洋，张晓磊．基于 AHP 层次分析法的物流中心选址研究［J］．中州大学学报，2012，29（2）：115－118.

［13］池淑文，王立刚．GIS 与层次分析法结合的项目选址研究［J］．东北水利水电，2011，12：59－61.

［14］于斌．配送中心选址模型的构建和探讨［J］．科技创新与应用，2012：100－101.

［15］李振宇，杨松林．基于 GIS 的多级物流中心选址动态模型分析［J］．技术与方法，2011，30（10）：81－83.

［16］林晨．GIS 环境下物流配送中心选址优化模型——以南京市为例［J］．中国物流与采购，2010（6）：66－67.

［17］刘小林．运用 GIS 进行空间选址分析［J］．测绘与空间地理信息，2010，33（4）：19－21.

［18］HENG LI，LING YU AND EDDIE W L CHENG. A GIS－based site selection system for real estate projects［J］. Construction Innovation，2005，5：231－241.

［19］SEI－ICHI SAITOH. Aquaculture site selection for Japanese kelp（Laminaria japonica）：in southern Hokkaido，Japan，using satellite remote sensing and GIS－based models［J］. ICES Journal of Marine Science，2011，68（4）：773－780.

［20］CHEN－TE TSENG，SHIH－CHIN CHEN. GIS－assisted site selection for artificial reefs［J］. Fisheries Science，2001，67：1015－1022.

基于 K－means 算法的北京市食品冷链农产品市场聚类分析

张馨予

(北京物资学院，北京，101149)

摘要：聚类算法是数据挖掘中核心技术之一，而 K－means 算法在经典聚类算法中占有重要地位。本文研究了 K－means 算法的基本原理，并将其应用到北京市食品冷链农产品市场的分析中。根据市场调查，以农贸市场存储量、设备条件、运输成本、购买力、“农超对接”能力为测试数据，对这些数据信息进行分析和研究，有助于将北京市农贸市场进行分类，从而采取不同的配送方式。首先对冷链食品所在的农贸市场的各项数据进行预处理，然后利用 K－means算法进行数据挖掘，对结果进行分类评价，最后得出符合北京市食品冷链农产品市场分类的结论，据此采取不同的配送策略，从而建立区域性共同配送平台。

关键词：K－means 算法；聚类分析；农贸市场

一、引言

随着数据挖掘技术的发展，作为数据挖掘主要方法之一的聚类算法，也越来越受到人们的关注。数据挖掘（Data Mining），就是从大量数据中获取有效的、新颖的、潜在有用的、最终可理解的模式的非平凡过程，简单地说，数据挖掘就是从大量数据中提取或“挖掘”知识。

数据挖掘技术中的聚类（Cluster），就是把大量的 D 维数据样本聚集成 K 个类，使同一类中样本的相似性最大，而不同类中样本的相似性最小。K－means 算法属于聚类方法中一种基本的划分方法，该算法可以有效快速地得出各个样本的聚类结果，为北京市食品冷链的配送途径和区域性平台建设提供重要依据，相对传统定位方式而言，具有实用性。整个聚类过程都交给数据挖掘算法，方便执行。

数据挖掘所挖掘出来的知识可应用于信息管理、决策支持、过程控制和许多其他方面。在农贸市场中，冷链食品以其特殊性占据着重要位置，通过对不同市场的聚类分析，可以有效地建立区域性共同配送平台，从而更好地服务于北京市各大冷链企业及消费者。本文将应用 K－means 聚类算法对农贸市场的现有情况，从市场存储量、设备条件、运输成本、购买力、“农超对接”能力五个方面进行分类。

二、K－means 算法在聚类分析中的研究概述

苟元琴[1]利用聚类分析中的 K－means 算法对图书馆馆藏图书借阅使用情况进行了聚类挖掘，将数据挖掘技术引入到图书馆管理系统中，并将挖掘结果进行分析，从而制定出相应的决策，继而有针对性地丰富馆藏资源，同时优化图书馆的馆藏布局。

张建萍，刘希玉[2]通过对聚类分析及其算法的论述，从多个方面对这些算法性能进行比较，同时以儿童生长发育时期的数据为例通过聚类分析的软件和改进的 K－means 算法来进一步阐述聚类分析在数据挖掘中的实践应用。

Kuo Ju－Chia，Chen Mu－Chen[3]在 Developing an Advanced Multi－temperature Joint Distribution System for the Food Cold Chain 中提出了一种节省资金的物流服务模式，并将共同配送运用到生鲜食品配送的具体问题中，这种模式基于仍在发展中的不同温度带共同配送体系，能够有效应对小出货量和及时交付性对冷藏食物链提出的挑战，并在易腐品装运的热保护和温度敏感型商品方面向物流部门提供了良好的竞争优势。

王颖，刘建平[4]认为 K－means 算法是一种局部搜索技术，受初始聚类中心的影响可能会过早收敛于最优解，而遗传算法具有良好的全局优化的能力，因此，将遗传算法与 K－means 算法结合起来，能很好解决这一问题。在结合的过程中，又在最传统的遗传算法中改进染色体编码与适应度函数，从而优化 K 个中心点的选取，最后通过实验说明改进后的遗传算法能较好地提高聚类的质量。

潘莹，梁京章，黎慧娟[5]等人在给出 K－means 算法流程的基础上，以校园网认证计费系统日志为研究对象，实现一个基于 K－means 算法的校园网用

户行为聚类分析，得到不同特征的用户组，为今后进一步了解用户行为特征、更好制定校园网络策略奠定基础。

孙庚，冯艳红[6]研究了 K – means 算法的基本原理，并将其应用到高校学生入学信息分析中。高考学生入学的相关信息包含了大量重要的学习及其他方面的信息，对这些数据信息进行分析和研究，有助于教师对不同类别的学生进行不同方式的教学，做到因材施教。首先对学生的入学信息数据进行预处理，然后使用 K – means 算法，对学生信息进行分类评价；最后利用所获得的分类结果指导学生在大学期间的学习方向以及教师对学生的培养工作。

翟音，罗萍[7]根据市场调查中的顾客感知质量、感知价格、市场份额和品牌类别为测试数据，用 K – means 算法进行数据挖掘，充分利用数据挖掘结果，得出符合市场现状的市场定位结论。

Evren Sahin，Mohamed Zied Baba1 和 Yves Dallery[8]在对冷链物品进行转运的研究中提出，利用时间温度积分器（Time Temperature Integrators，TTI）技术对物品温度进行控制，以确保产品的质量和安全性。使用传统的日期代码标签贴在产品的包装上有一些限制，因此根据一些产品的保质期信息进行评估，假设平均分配的条件，通过在供应链的每个阶段发生的温度变化，采取 TTI，有助于揭示上升温度和滥用的储存条件，同时指示有多少产品已经开发。为了提高供应性能，应用此种技术提高保质期限。

综上所述，大部分研究侧重于农产品供应链、配送中心选址、路线优化等方面。关于生鲜蔬菜中转地批发市场、兼有批发市场物流功能的物流中心以及末端超市的研究较少。特别是针对大城市生鲜蔬菜物流运营模式的研究更是缺乏。研究多针对医药、信息、遗传、图书等方面进行阐述，对于食品冷链研究方面几乎没有涉及，同时，在农贸市场的聚类分析中，很少有人真正运用 K – means 算法进行聚类，因此，本文将 K – means 算法应用在冷链食品的农贸市场中进行聚类分析是很有必要的。

三、北京市食品冷链农产品市场聚类分析研究

（一）指标体系构建

1. 数据来源

本文采用的数据一部分来源于《中国冷链物流统计年鉴》，直接选取其中

北京市冷链物流所涉及的数据，对其进行分析；另一方面，利用课余时间进行实地调研和考证，在北京市九大农贸市场进行走访和调查，采取样本抽样、问卷调查、电话询问等方式，最终将数据进行整合，主要从九个市场、五方面问题出发，从而得到下文数据。

2. 数据预处理

由于得到的本文数据分为两个方面，因此有必要对数据进行预处理，使得数据更加真实可靠，更具有使用价值。针对冗余的内容进行删减，从农贸市场存储量、设备条件、运输成本、购买力、“农超对接”能力五个方面考察数据的使用性和真实可靠性。统计后形成表格，如表 1 所示。

表 1　　北京市食品冷链农贸市场指标体系

	存储量	设备条件	运输成本	购买力	农超对接
水屯	12.1	40.86	448.7	0.012	1.01
顺鑫石门	18.4	42.61	467.3	0.008	1.64
回龙观	32.3	12.86	325.61	0.004	2.22
岳各庄	8.9	57.67	556.55	0.018	1.01
八里桥	16.2	36.18	425.78	0.003	1.594
大洋路	25.3	10.86	348.7	0.002	2.01
新发地	5	47.79	540.13	0.017	0.77
立水桥	17.2	38.2	424.4	0.001	1.14
静安庄	11.4	34.23	405.6	0.008	1.02

（二）农贸市场的聚类分析

《北京市“十二五”时期农产品流通体系发展规划》指出，北京市已形成以大型农产品批发市场为主要集散中心、区域性批发市场为重要节点的批发市场格局。9 个大型农产品批发市场有 5 个在五环路内，4 个在五环外。各类农产品批发市场互为补充，总体格局稳定。

1. K – means 算法流程

K – means 算法是一个迭代计算的“质心”，并根据样本与质心的距离把各样本指派到各个簇的过程。

（1）确定初始质心。生成K个质心，K由用户指定；

（2）指派样本。计算每一个样本到各质心的距离，把样本指派给距离最小的簇；

（3）更新质心。根据每个簇当前所拥有的所有样本，重新计算每个簇的质心；

（4）检查是否满足下列两个停止准则之一：

①更新后的质心和更新前的质心之间的区别小于预定义的差异容忍度；

②迭代次数已经超过了预定义的次数。

一个簇是由它的质心来代表的。质心是一个向量（由属性的值构成）。向量的值是由指派给该簇的那些样本的属性值得平均值来确定，是指数据库中所有对象的平方误差的总和，公式如下：

$$d = \sqrt{\sum_{q=1}^{Q} (x_p - c_q)^2}$$

2. K－means 算法实现

（1）本文采用狭义定义，将水屯、顺鑫石门、回龙观、岳各庄、八里桥、大洋路、新发地、立水桥、静安庄九个农贸市场分别对应为1～9，将存储量、设备条件、运输成本、购买力、农超对接能力分别定义的A～E，如图1所示。

编号	A	B	C	D	E
1	12.1	40.86	448.7	0.012	1.01
2	18.4	42.61	467.3	0.008	1.64
3	32.3	12.86	325.61	0.004	2.22
4	8.9	57.67	556.55	0.018	1.01
5	16.2	36.18	425.78	0.003	1.594
6	25.3	10.86	348.7	0.002	2.01
7	5	47.79	540.13	0.017	0.77
8	17.2	38.2	424.4	0.001	1.14
9	11.4	34.23	405.6	0.008	1.02

图1　影响冷链农贸市场主要成分数据

(2) 将上述图表作为训练样本集，利用 K - means 算法对九个农贸市场的五方面主要成分进行聚类分析，目的是根据五种成分来对这九个农贸市场进行分组，从而据此建立食品冷链区域配送中心，完整的数据流如图 2 所示。

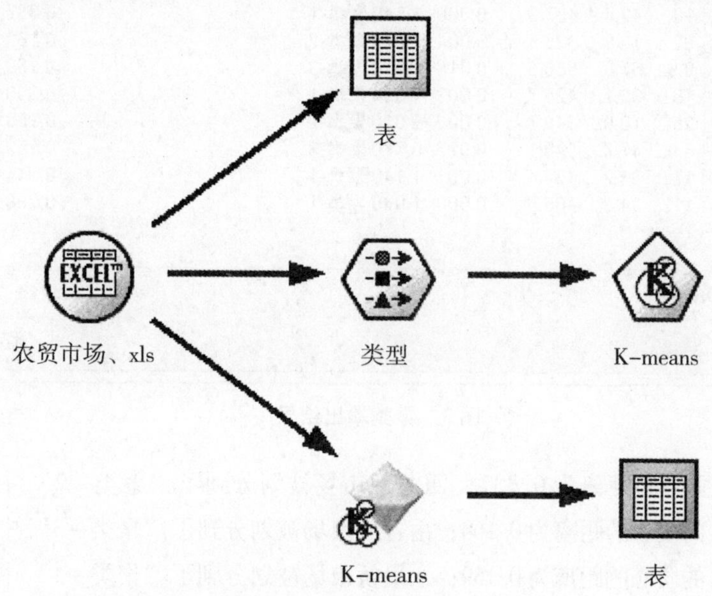

图 2　农贸市场 K - means 聚类的数据流

(3) 根据抽样得到聚类的初始划分后，形成 K 个聚类，K 个对象分别 K 个聚类的中心。开始进行第一次划分，依据“距离中心最近”的原则，需要将 n 个数据对象划分至 K 个类。若每次划分过后，类中心发生了变化，则需要继续进行迭代划分。对上面得到训练样本集图表进行聚类挖掘，设置聚类个数为 3。

(三) 聚类结果分析

1. 模型输出结果

运用 K - means 算法对北京市食品冷链农产品市场情况进行聚类分析，得到三类情况，结果如图 3 所示。

由图 3 可以看出，水屯市场被划分到了“聚类 - 1”中，它与“聚类 - 1”的质心的距离为 0. 402；顺鑫石门市场被划分到了“聚类 - 1”中，它与“聚

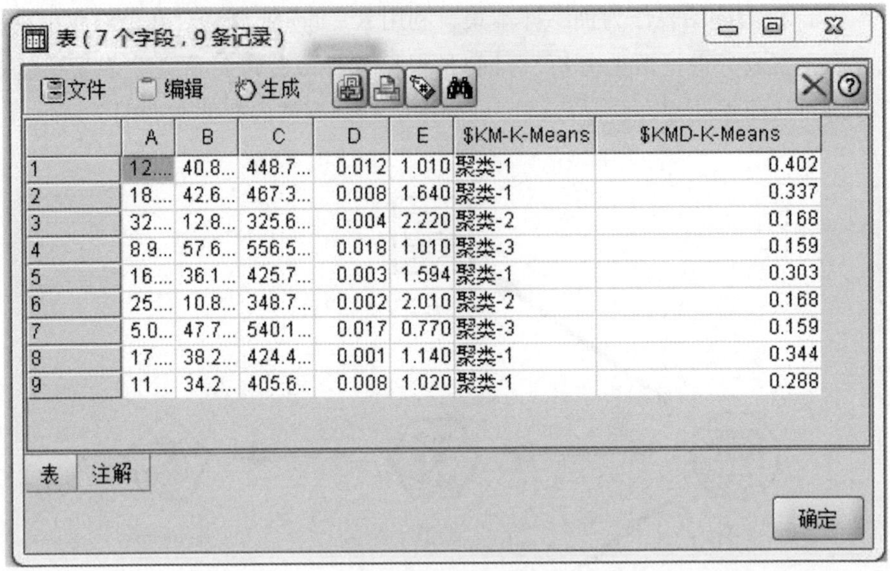

表(7个字段,9条记录)

	A	B	C	D	E	$KM-K-Means	$KMD-K-Means
1	12....	40.8...	448.7...	0.012	1.010	聚类-1	0.402
2	18....	42.6...	467.3...	0.008	1.640	聚类-1	0.337
3	32....	12.8...	325.6...	0.004	2.220	聚类-2	0.168
4	8.9...	57.6...	556.5...	0.018	1.010	聚类-3	0.159
5	16....	36.1...	425.7...	0.003	1.594	聚类-1	0.303
6	25....	10.8...	348.7...	0.002	2.010	聚类-2	0.168
7	5.0...	47.7...	540.1...	0.017	0.770	聚类-3	0.159
8	17....	38.2...	424.4...	0.001	1.140	聚类-1	0.344
9	11....	34.2...	405.6...	0.008	1.020	聚类-1	0.288

图3　聚类输出结果

类-1”的质心的距离为0.337;回龙观市场被划分到了“聚类-2”中,它与“聚类-2”的质心的距离为0.168;岳各庄市场被划分到了“聚类-3”中,它与“聚类-3”的质心的距离为0.159;八里桥市场被划分到了“聚类-1”中,它与“聚类-1”的质心的距离为0.303;大洋路市场被划分到了“聚类-2”中,它与“聚类-2”的质心的距离为0.168;新发地市场被划分到了“聚类-3”中,它与“聚类-3”的质心的距离为0.159;立水桥市场被划分到了“聚类-1”中,它与“聚类-1”的质心的距离为0.344;静安庄市场被划分到了“聚类-1”中,它与“聚类-1”的质心的距离为0.288。结果显示,九个样本被划分为3个簇:“聚类-1”包含的样本为1、2、5、8、9;“聚类-2”包含的样本为3、6;“聚类-3”包含的样本为4、7。

将上述表格及结论进行整理,按照类别进行归纳,如表2所示。

表2　聚类结果整理

类别	农贸市场
类别一	水屯、顺鑫石门、八里桥、立水桥、静安庄(1、2、5、8、9)
类别二	回龙观、大洋路(3、6)
类别三	岳各庄、新发地(4、7)

2. 浏览生成的 K – means 模型

将模型显示划分出来的 3 个聚类全部展开，查看每个簇的一些统计信息，如图 4 所示。

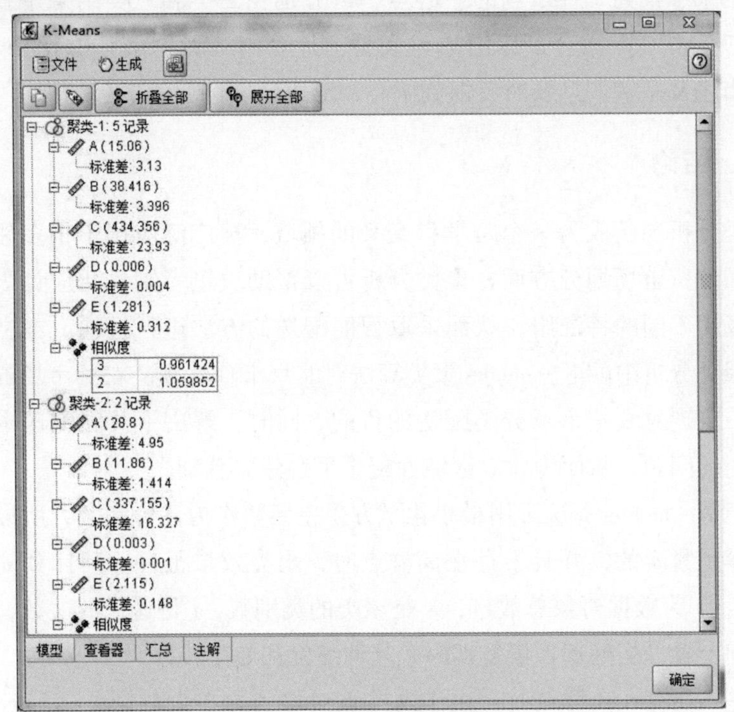

图 4　聚类的统计信息

类别一包括 5 个记录样本，这 5 个记录的属性 A 的均值是 15.06，标准差是 3.13；属性 B 的均值是 38.416，标准差是 3.396。其中，聚类 1 与聚类 2 的相似度为 0.96，与聚类 3 的相似度为 1.06。

3. 聚类结论阐述

通过以上分析我们可以得出结论，水屯、顺鑫石门、八里桥、立水桥、静安庄这 5 个市场为一类，在配送货物是可采取相似的运输策略；回龙观、大洋路这 2 个市场为一类，可选择相似的供应商及送货渠道；岳各庄、新发地这 2 个市场为一类，可将二者作为区域划分中的一个区域。另外，通过对五大影响因素的结果分析，得出这样的结论，水屯、顺鑫石门、八里桥、立水桥、静安庄这 5 个市场的“农超对接”能力、购买力以及存储量较好，更适合作为冷链食品区域配送中的优先选择区域；回龙观、大洋路这 2 个市场的运输成本较低，比较适合次级选择性区域；岳各庄、新发地这 2 个市场在设备更新方面比较有优势，可以作为三级选择性区域配送点。

据此，我们可以建立三级区域配送平台，以三类市场划分结果为依据，在一类结果中找到 5 各市场的中心点，再分别在二类和三类结果中找到中心点，将三个中心点结合，运用重力模型，计算出三者的最佳配送中心位置，从而将市场及车辆信息及时反馈到中心，形成区域性配送平台。

四、结论

聚类分析现已成为一个跨学科交叉的领域，被广泛应用于很多领域。在冷链食品农贸市场划分方面，聚类分析可以帮助决策者制订相应计划，发现农贸市场中不同的特征组，从而采取智能配送的方法进行运输。本文主要是利用了聚类分析中的 K－means 聚类算法对北京市食品冷链农贸市场的划分进行分析，实现对农贸市场分类配送的目的，同时，解决了共同配送中区域划分不均衡的问题，从而为建立区域性配送平台建立基础。

由于 K－means 算法采用最小化平方误差函数作为评价函数，所以当聚类的结果簇是紧凑的，并且不存在离群点时，聚类效果很好。其计算复杂度是 O（nkt），n 为数据对象总数量，K 是聚类的类别数，t 是迭代的次数，从其时间复杂度上看，当处理大量数据时，其伸缩度和效率较好。

但是，当存在离群点时，由于这些点对均值有很大的影响，导致聚类结果不准确；K－means 聚类算法必须事先给出聚类的数目，即 K 的值；另外，只有均值可计算才行得通，对于某些应用，包含有分类属性，若无确切的均值定义，该方法无法实施。K－means 算法还可能出现终止于局部最优解的问题，因此，以上问题有待进一步解决。

参考文献

［1］苟元琴．聚类分析在图书馆馆藏书目中的挖掘与应用［J］．内蒙古科技与经济，2009（13）：140－141.

［2］张建萍，刘希玉．基于聚类分析的 K－means 算法研究及应用［J］．计算机应用研究，2007，24（5）：166－168.

［3］KUO JU－CHIA，CHEN MU－CHEN. Developing an advancedMulti－temperature Joint Distribution System for the food cold chain［J］. Food Control. 2010，21（4）：559－566.

［4］王颖，刘建平．基于改进遗传算法的 K－means 聚类分析［J］．工业控制计算机，2011（8）：25－28.

［5］潘莹，梁京章，黎慧娟．基于 K－means 算法的校园网用户行为聚类分析［J］．计算机技术与自动化，2007，26（1）：67－68.

［6］孙庚，冯艳红．K－means 聚类算法研究［J］．长春师范学院报（自然科学版），2011，30（1）：1－4.

［7］翟音，罗萍．基于 K－means 算法的产品市场定位聚类分析［J］．电脑知识与技术，2008，3（8）：10－11.

［8］EVREN SAHIN，MOHAMED ZIED BABA，YVES DALLERY. Ensuring supply chain safety through time temperature integrators［J］. International Journal of Logistics Management，2007，（18）.

基于 SPSS 的北京市交通运输拥堵的影响因素研究*

倪东生[1]　张艳芳[2]

(1. 北京物资学院，北京，1011149
2. 上海财经大学，上海，200083)

摘要： 特大城市交通运输瓶颈的解决，需要共生系统协同全面寻找破解方案。本文针对北京交通运输拥堵的现状，从城市发展战略、流动文化、交通管理、社会流通等方面对北京交通拥堵的影响因素进行了实地调查，并利用 SPSS 分析软件对调查涉及的 30 项影响因素进行分析。通过因子分析提取出 10 个公因子，累积贡献率为 64.308%，为了进一步明晰影响因素，进行聚类分析，分析结果表明聚为 5 类最为明晰，更符合实际情况。

关键词： 交通拥堵；SPSS；因子分析；聚类分析；影响因素

一、引言

城市的交通拥堵问题是快速城市化所引发的一个重要社会问题。北京作为我国的首都，交通拥堵的现象更为严重。影响北京交通拥堵的原因很多，主要表现在道路网络不能满足交通需求，匝道布置不合理，各种交通方式的衔接不合理，交通监管不完善，出口匝道及相邻辅路交叉口的疏散能力不强等方面。本文根据北京交通拥堵的现状，设计了影响交通拥堵的影响因素的调查问卷，对北京市上下班常规出行居民进行了相关的问卷调查与访问，旨在找出影响北京交通拥堵的主要因素，为北京市城市交通管理与控制提供一些参考和依据。

---

* 基金资助：北京市自然科学基金项目《城市交通运输瓶颈的技术创新与共生系统协同突破研究》(9123026)。

二、研究对象与方法

（一）研究对象

2012 年 8 月对北京市上下班常规出行居民进行调查，以他们对北京交通拥堵的影响因素的评价为研究对象。旨在了解公众对影响北京交通拥堵的因素的认知等相关内容。

（二）资料收集方法

本次调查共选取 300 名北京市上下班常规出行居民为调查对象，其中女性 190 名，男性 110 名，年龄为 18 ~50 岁，平均年龄为 33.5 ±3.2 岁，职业分布为企业中高层管理人员 15 人，机关/事业单位人员 86 人，公司普通职员 120 人，专业技术人员 37 人，个体/私营工商业者 20 人，学生 22 人。所有人员均自愿参加本研究，且所有调查人员均在 0.45 小时内对问卷的内容作出有效的回答，共回收问卷 286 份，其中有效问卷 248 份，问卷有效率达 82.67%。问卷的内容包括两部分，第一部分是关于调查对象的基本情况；第二部分是对 30 项影响北京交通拥堵的影响因素的评价。

（三）统计分析方法

调查所得数据选用统计学软件 SPSS 13.0 进行统计分析，具体而言，首先对调查数据进行效度和信度分析，然后针对调查对象对北京交通拥堵影响因素的评价做因子分析，采用主成分分析法提取出公因子，最后为了更好地明晰影响北京交通拥堵的影响因素，对因子分析的结果进行聚类分析，采用 Hierarchical Cluster 聚类分析，找出影响北京交通拥堵的主要影响因素。

三、SPSS 在北京市交通拥堵影响因素分析中的应用

（一）问卷的信度检验

本文使用 Cronbach's α 系数对问卷进行信度检验，来检验问卷的可靠性和稳定性。一般来讲，一份较好的问卷信度系数最好在 0.8 以上，问卷的信度

系数在0.7~0.8、0.6~0.7是可以接受的范围，若问卷的信度系数在0.6以下，应考虑重新修订问卷或增删题项。本文的信度检验结果见表1。

表1　问卷的信度检验结果

信度统计

克朗巴哈系数	标准化的克朗巴哈系数	项目数
.866	.874	30

从表1可以看出，该问卷的信度系数为0.874，远远大于0.8，因此该问卷的信度是比较理想的，也就是说该问卷对影响北京交通拥堵的影响因素的设计还是比较合理的。

(二) 问卷的效度检验

本问卷设置了30项影响北京市交通拥堵的影响因素，在进行调查数据的分析之前，一般需要先检验问卷设置的架构信度是否合理，在SPSS中，一般用KMO检验值来检验问卷的效度。Kaiser认为这种检验的结果决定该问卷是否适合做主成分（因子）分析，当KMO>0.9时，非常适合做主成分（因子）分析，当0.8<KMO<0.9时，适合做主成分（因子）分析，当KMO<0.6时，不适合做主成分（因子）分析。本文问卷的KMO值检验结果如表2所示。

表2　北京市交通拥堵影响因素的效度检验结果

同素分析的适合度检验

KMO 取样适量度		.826
巴氏球形检验	卡方检验	2157.576
	自由度	435
	显著性	.000

从表2可以看出，该问卷的KMO值为0.826，这表明该问卷的信度比较高，所设置的30项交通拥堵的影响因素适合做主成分（因子）分析。另外该问卷的Bartlett球形检验值为0.000，这表明各影响因素之间不是独立的，适合做因子分析。

（三）北京市交通拥堵影响因素的因子分析

1. 公因子的提取与识别

影响北京交通拥堵的影响因素体现在多个方面，本文在问卷中根据专家的意见和相关的实地调查的结果设置了 30 项影响北京交通拥堵的影响因素，具体如表 3 所示。本文通过统计被调查对象对每项影响因素的影响程度的认知，找出影响北京交通拥堵的主要因素。利用 SPSS 软件对这 30 项影响因素的调查结果进行因子分析，得到因子分析的碎石图（见图 1）和因子相关矩阵、方差贡献率（见表 4）。从图 1 可以看出前 10 个因子的特征值较大，从第 11 个因子开始，因子特征线开始变得平稳。从表 4 可以看出，前 10 个公因子的特征值大于 1，从第 11 个公因子开始，特征值开始小于 1。根据公因子的选取原则，选取 10 个公因子，这些公因子的累积贡献率为 64.308%，能够基本概括和解释整个调查问卷的大部分信息。表 4 反映的公因子和图 1 反映的相同，故应该提取 10 个公因子。

表 3　　北京交通拥堵的影响因素

1	机动车保有量增长速度过快	16	起分流作用的支路数量不足
2	居民上下班出行距离过长	17	断头路和畸形交叉口过多
3	上下班高峰时段出行人员过于集中	18	道路弧度和坡度过大
4	司机存在抢道等不规范驾驶行为	19	道路宽度不够
5	道路两侧商铺商品摆放过度的现象	20	交通信号灯设置不合理
6	居民不遵守交通规则行为	21	交通安全设施不完善
7	主干道严重堵塞	22	导航仪等先进设备运用不普遍
8	高速车道和公交车道共用情况过多	23	道路维修施工事件过多
9	公交车准时性不能得到保证	24	市内交叉口高架桥的数量过少
10	市区内大型的货运车的数量过多	25	城市规模的过度扩张
11	市中心人流集散地人行道建设不足	26	交叉口交通量和过境车辆的增多
12	主干道数量不够	27	交通管制事件过多
13	人行道与车道不能严格分开	28	交通疏导人员不够
14	路边无序停车现象	29	政治中心的吸引力大
15	公交车专用道严重不足	30	政府和事业的相关规定与制度不合理

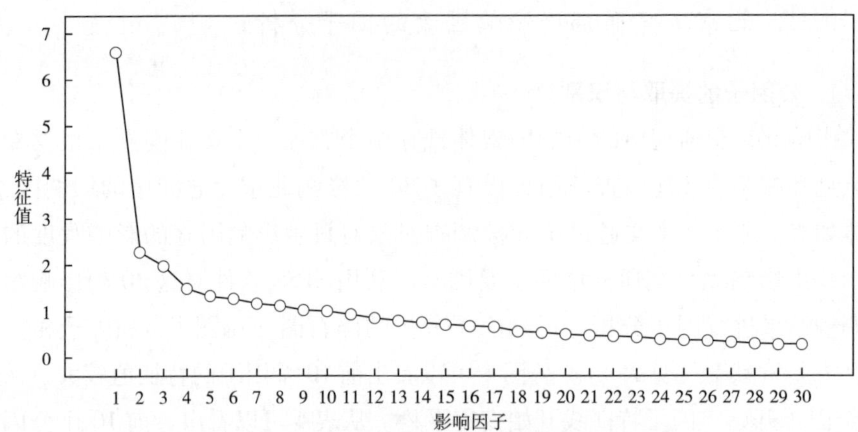

图1　因子分析的碎石图

表4　　　　　因子的特征值和贡献率

因子	累积方差贡献率			旋转后的因子方差		
	总计	方差百分比	累积频率	总计	方差百分比	累积频率
1	6.602	22.008	22.008	2.312	7.708	7.708
2	2.275	7.584	29.592	2.200	7.332	15.040
3	1.972	6.574	36.166	2.081	6.935	21.976
4	1.497	4.991	41.157	1.989	6.631	28.607
5	1.332	4.439	45.596	1.933	6.443	35.050
6	1.268	4.228	49.824	1.853	6.177	41.227
7	1.170	3.899	53.723	1.794	5.979	47.206
8	1.134	3.780	57.502	1.776	5.919	53.125
9	1.036	3.452	60.954	1.744	5.813	58.938
10	1.006	3.353	64.308	1.611	5.370	64.308
11	0.927	3.091	67.399			

2. 因子旋转

但是由于初始因子载荷矩阵的 10 个公因子的含义不是很明确，为了使得各类因子尽可能向两级转化，采用方差最大正交旋转法做因子载荷旋转，使得这 10 个公因子的含义更明确。对公因子影响较大的变量如表 5 所示。

表 5　对公因子影响较大的变量

因子	变量
1	市内交叉口高架桥的数量过少（0.530）、交叉口交通量和过境车辆的增多（0.788）
2	政府和事业的相关规定与制度不合理（0.771）、交通管制事件过多（0.553）
3	人行道与车道不能严格分开（0.554）
4	交通信号灯设置不合理（0.599）、导航仪等先进设备运用不普遍（0.851）
5	交通安全设施不完善（0.620）、道路维修施工事件过多（0.540）
6	道路宽度不够（0.768）、断头路和畸形交叉口过多（0.632）
7	公交线路偏短（0.727）、公交线路重叠现象明显（0.834）
8	高速车道和公交车道共用情况过多（0.852）
9	主干道严重堵塞（0.843）、主干道数量不够（0.736）、起分流作用的支路数量不足（0.710）
10	公交车准时性不能得到保证（0.703）

注：表中小括号内数字为各变量与公因子的相关系数。

3. 交通拥堵影响因素的综合评价

由于本问卷涉及的变量比较多，这里采用因子加权总分的方法来对北京交通拥堵的影响因素做综合评价。在 SPSS 分析中，一般选择因子的方差贡献率为权数进行评价，便得到各影响因素的综合评价结果。

$$F = 0.0708F_1 + 0.07332F_2 + 0.06935F_3 + 0.06631F_4 + 0.06443F_5 + 0.06177F_6 + 0.05979F_7 + 0.05919F_8 + 0.05813F_9 + 0.05370F_{10}$$

从该评价结果来看，各个因子对交通拥堵的影响程度比较分散，不是很集中，为了更好地反映各因子对北京市交通拥堵影响因素的分析，在已经提取的 10 个公因子的基础上，对这些影响因素进行聚类分析。

4. 聚类分析

在旋转因子载荷矩阵的基础上，对已经提取的 10 个公因子做 R 型聚类分析。结合专业知识和专家意见，认为聚为 5 类比较合适，具体如表 6 所示。

表 6　　聚类归属情况

第一类	主干道严重堵塞
	主干道数量不够
	起分流作用的支路数量不足
第二类	断头路和畸形交叉口过多
	交叉口交通量和过境车辆的增多
	市内交叉口高架桥的数量过少
第三类	公交线路重叠现象明显
	公交车准时性不能得到保证
	公交线路偏短
第四类	高速车道和公交车道共用情况过多
	道路宽度不够
	司机存在抢道等不规范驾驶行为
	人行道与车道不能严格分开
第五类	交通信号灯设置不合理
	交通管制事件过多
	道路维修施工事件过多
	政府和事业的相关规定与制度不合理
	导航仪等先进设备运用不普遍

四、北京市交通拥堵的原因分析

因子分析把北京交通拥堵影响因素的 30 个变量减少为 18 个变量，使得这 18 个变量承载了原来变量的大部分信息，从而达到降维的目的。聚类分析结果表明把北京交通拥堵的影响因素聚为 5 类比较符合实际。这 5 类影响因素能够大致体现北京市交通拥堵的原因。

1. 主干道、次干道和支路间没有形成综合的道路网络

北京的交通结构一方面受历史文化背景影响，主要是在老城区的基础上向周围辐射发展而成；另一方面受北京建筑风格影响，北京的交通结构在向周围辐射发展的同时，呈棋盘式结构。这种结构使得北京交通的主干道、次干道和支路间没有形成合理的综合道路网络，而且由于主干道的数量不足、

分流作用的支路不足，使得北京交通的主干道功能得不到充分发挥，从而造成北京交通的拥堵。

2. 主要交叉口通行能力低

北京市道路增长速度比较慢，且随着机动车数量的日益增加，北京道路的容纳能力已经超负荷，而且由于断头路和畸形交叉口过多、交叉口交通量和过境车辆的增多、市内交叉口高架桥的数量过少，使得一些交叉路口长期处于饱和状态，从而导致北京交通的严重拥堵。

3. 公交线路密集，影响其他车辆的正常运行

北京的公交线路中，像中关村、国贸等站的公交车线路的站牌设置的过于密集，有些线路的公交路线设置的过于偏短，也造成公交线路的密集，从而使得其他车辆的政策运行受到影响。

4. 道路功能重叠

目前建设的高速路及快速路系统基本完成，但由于交通负荷大，能够提供给该地区的道路资源却很有限，经常出现各种车道共用的现象，从而造成道路功能的重叠。另外，快速路网上的节点大都存在转向交通不连续、出入口堵塞的问题，使快速路网的作用大打折扣。

5. 现代化管理水平低

北京市交通管理还没有完全应用交通仿真系统，还没有普遍使用导航仪等先进设备，交通管制的事件偏多，而且政府在交通管制方面还没有完善的管理体制，这些因素表明北京市交通拥堵的现代管理水平偏低，从而导致了北京交通的拥堵。

五、北京交通拥堵的治理对策

国内目前主要致力于扩大交通供给以满足交通需求，然而这种做法存在一定的局限性，虽然降低了出行时间，但同时吸引了其他道路以及其他方式的交通量转移，经过一段时间后最终将恢复到原来的拥挤水平。为解决北京交通拥堵的实质性问题，应从北京市中心区拥堵现象的本质原因出发，探讨北京交通拥堵战略规划失衡背后的脉络和纠偏方案。

1. 综合利用轨道交通空间

城市轨道交通空间作为城市空间的重要组成部分，蕴含着丰富的自然资源、社会资源和人文资源，如果能对轨道交通的空间资源进行整合利用，以

及通过市场配置和行政机制将其经济收益投入到城市轨道交通建设和运营上，那么则可实现城市轨道交通的投资、建设、运营、发展的良性循环。北京市轨道交通的空间目前还没有得到充分利用，这导致了北京市公路交通的主干道严重拥堵、主要交叉口通行能力低。

2. 进一步完善中心区的交通系统结构

北京市的交通拥堵主要体现在中心区范围内，针对这种交通结构，要对中心区的交通结构进行完善。一方面在主干道网络已经固定的前提下，积极改造小支路网络，从而增加中心区的道路通行容量。上海在对中心区交通治理中，对小支路网络进行了完善，取得了很好的效果；另一方面增强交通服务供应能力，可考虑对拥堵路段的交通设置不同的通行标准来分散中心区的交通容量。

3. 建立生态交通的交通范式

解决交通的根本方法在于把交通视同一个生命体，建立仿生的交通运行模式，让出行者仿生实现天性交通、主动交通，借助自动化、智能化、有机信号等改变城市交通拥堵状况。国外已经商业化的交通仿真软件有十多种，而国内还没有完善的交通仿生软件，开发出适合中国交通状况的本土化交通控制系统是解决北京交通拥堵的根本办法，从而避开北京交通堵塞黑点，找到方便、快捷的通行路径。

参考文献

[1] T W ANDERSON, JEREMY D FINN. The SPSS guide to the new statistical analysis of data [M]. New York: Springer – Verlag, 2007.

[2] GUAN W A. Qualitative model of cross – lane inhomogeneities in traffic flow [J]. Transactions on Intelligent Transportation Systems, 2004 (3): 188 – 199.

[3] 北京交通发展研究中心城市道路交通拥堵评价指标体系（地方标准征求意见稿）[R]. 北京：北京市质量技术监督局，2010.

基于 Theil 指数对我国区域物流差异发展趋势的研究*

金凤花[1]　徐　旭[2]

（1，2. 上海电机学院商学院，上海，201306）

摘要： 结合区域经济极化发展、区域经济不均衡发展的相关研究，以我国 31 个省级区域物流为研究对象，通过重构 Theil 指数模型并以区域经济为比较对象，基于 2001—2011 年统计数据实证分析了我国区域物流、区域经济的总差异、内部差异、地带间差异，测算 KZ 指数分析了极化发展趋势。最后从政策影响、弱化区域经济极化、区域经济干扰、优先关注区域内部差异等方面得出结论，弥补了区域物流差异发展研究的不足，为区域物流在差异环境中实现发展提供依据。

关键词： 区域物流；差异发展；极化；Theil 指数；KZ 指数

一、引言

区域经济系统一直是国民经济发展的关注重点，在区域经济一体化发展的大背景下，作为区域经济发展“加速器”的区域物流，也被看作是国民经济发展的动脉和基础产业[1]。国内学者对区域物流的研究主要涉及：对区域物流生产效率的研究，运用 Malmquist – luenberger 生产率指数方法或者随机前沿模型分析我国区域物流的生产效率，并结合 DEA 模型分析物流业生产效率的影响因素[2,3]；对区域物流需求的研究，大部分研究是以地区的货运量描述区域物流需求量，近几年来部分学者开始尝试结合因子分析法、神经网络模

---

* 基金项目：上海高校青年教师培养资助计划项目（ZZSDJ12014）；上海电机学院重点学科资助（10XKJ01）。

型、遗传算法、支持向量机法等方法对其进行预测[4,5,6]；与区域经济的关系研究，以地区的货运量、货物周转量或者物流产值等单一指标或者两个指标的综合值界定区域物流的发展水平，以地区 GDP 界定区域经济的发展水平，采用 LLC 法、ADF - Fisher 法、误差修正模型、格兰杰因果检验、线性回归模型、模糊物元法等方法分析区域物流与区域经济的紧密关系[7,8,9,10]；对区域一体化发展的研究，从空间角度运用 GIS 软件、区位商或引力模型，或者通过对物流成本结构的研究，分析跨区域的物流一体化发展[11,12,13,14]。国外学者的研究主要涉及区域物流的组成系统或影响因素的分析，如运用多代理模型分析城市物流管理措施对区域交通网络带来的影响[15]，分析西班牙城市货物配送系统运行失败的原因及对策[16]；结合从大规模物流设施、道路网络和地区规划等三阶段构建城市物流规划的框架[17]；分析评价不同的物流土地利用开发措施的影响，研究得出物流区域的战略选址可以在一定程度上减少对交通影响的结论[18]；以都市圈为地域范围，为末期产品的回收构建逆向物流网络仿真模型，提炼对后期细节分析影响最大的因素[19]。“差异发展”较少出现在区域物流的研究中，与其相关的研究大多是“经济极化”的研究，即以区域收入、地区 GDP 或区域人均 GDP、区域人口等参数，采用 Esteban - Ray 指数、Wolfson 指数、Tsui - Wang 指数等分析区域经济发展的极化趋势问题[20,21]。我国区域经济存在差异发展的现象已由较多学者所验证，区域物流本身是区域经济系统的重要组成部分，在这种背景下，我国的区域物流是否亦存在差异发展还未有结论。因此，本文以我国 31 个省级区域物流为研究对象，结合 Theil 指数模型构建分析区域物流差异发展的相关模型，基于 2001—2011 年统计数据进行实证分析，与区域经济的实证结果进行比较，并借助 KZ 指数（Kanbur - Zhang 指数）分析区域物流的极化趋势，有利于促进区域物流的差异化发展，为政府制定相关对策提供依据。

二、研究方法的构建

国内外学者常采用变异系数、熵指数、Theil 指数等分析经济发展差异，其中 Theil 指数是由 Theil 和 Henri 于 1967 年提出，具有以下优点：①Theil 指数不受考察区域内子区域单元数量的影响；②不仅可以依据 Theil 指数分析区域发展的总差异情况，而且也可以将 Theil 指数进行进一步分解，分析区域间的差异和各子区域内部的差异情况；③国际、国家层次的政治波动、经济危机、偶发事件等对同一国家的影响程度相近，当区域变动规模相同时，Theil 指数数值将不变，因此 Theil 指数可以看作不涉及这些环境因素的影响[22,23]。

文献［24］曾提出区域经济差异的 Theil 指数模型，模型涉及区域 GDP 和区域人口数两个参数，区域物流虽然是区域经济系统的重要组成部分，但区域物流具有自身特点。为了描述区域物流的经济产出，并考虑到数据可得性的问题，选择以物流行业 GDP 反映区域物流的产出，“物流行业”是依据《中国物流年鉴》中交通运输、仓储和邮政业的统计口径；虽然物流服务涉及运输、仓储、流通加工、包装等领域，但易于获得数据而且占据较大比重的服务为运输，同时，很多分析经济发展差异的方法涉及人口参数，是考虑地区的经济收入是否与人口规模匹配，即经济收入的“有效程度”，物流系统更倾向于分析物流的经济产出与其产出量是否匹配，本文以货运量来反映物流产出量规模。因此，我国区域物流差异发展程度的 Theil 指数可以分解为两部分，即地带内差异（T_{WR}）和地带间差异（T_{BR}），具体公式如下：

地带内差异 $$T_{WR} = \sum_i \frac{Y_i}{Y} T_{pi} = \sum_i \frac{Y_i}{Y} \left(\sum_j \frac{Y_{ij}}{Y_i} \ln \frac{Y_{ij}/Y_i}{G_{ij}/G_i} \right) \tag{1}$$

地带间差异 $$T_{BR} = \sum_i \frac{Y_i}{Y} \ln \frac{Y_i/Y}{G_i/G} \tag{2}$$

由此可得区域物流的 Theil 指数：

$$Theil = T_{WR} + T_{BR} \tag{3}$$

上式中，Y 是所有省区的物流 GDP，Y_i是第 i 个地带的物流 GDP，Y_{ij}是第 i 个地带第 j 个省区的物流 GDP；G 是所有省区的货运量，G_i是第 i 个地带的货运量，G_{ij}是第 i 个地带第 j 个省区的货运量；*Theil* 值越大，表明区域物流的差异程度越大。

有些文献采用地带间差异与地带内差异之比来描述 *KZ* 指数，作为分析经济极化发展的指数，Leonid Fedorov 则提出对 *KZ* 指数的修正理解，认为地带间差异与总差异的比值更适合作为极化指数[25]，本文也将延续此思路，在分析区域物流差异程度的基础上，分析区域物流极化发展的趋势。

三、区域物流差异发展的实证分析

（一）数据来源

本文是以我国 31 个省级区域为基本研究单元，其中地带的划分则结合中国地区的划分方式，即划分为七个地带：华北地区（北京、天津、河北、山西、内蒙古）、东北（辽宁、吉林、黑龙江）、华东（上海、江苏、浙江、安徽、福建、江西、山东）、华中（河南、湖北、湖南）、华南（广东、广西、海南）、西南（重庆、四川、贵州、云南、西藏）、西北（山西、甘肃、青海、宁夏、新疆）。数据来源于2002—2012年版《中国统计年鉴》，而且为了更好地分析区域物流的差异发展趋势，本文在实证分析区域物流差异发展指数的基础上，同时将分析区域经济的差异发展程度，以更好地为分析区域物流的发展提供依据。

（二）实证分析

将区域物流数据代入公式（1）、公式（2）和公式（3）中，计算区域物流差异发展的相关指数；将区域经济数据按照文献［24］的思路进行计算，分析区域经济的差异发展。七个地带总内部差异的计算，需要结合不同地带的权重与各地带内部差异，因此首先分析各地带的内部差异指数，如图1和图2所示。

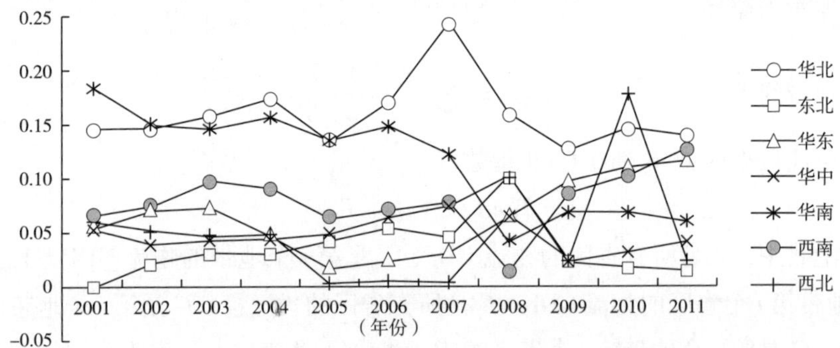

图1　2001—2011年区域物流七个地带内部差异演变

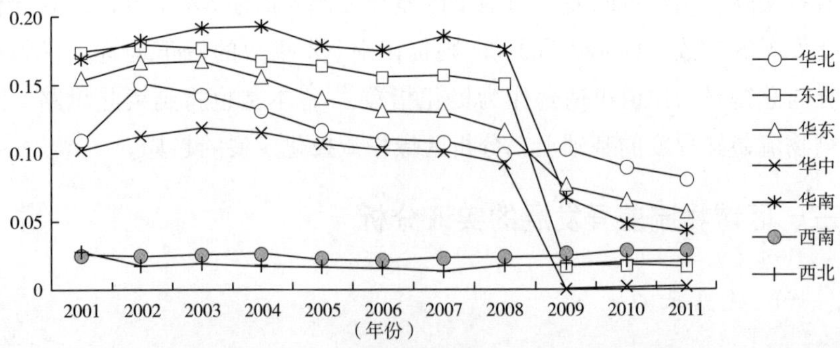

图2　2001—2011年区域经济七个地带内部差异演变

从七个地带的总体发展趋势来看，各地带区域物流内部差异程度最明显的是华北地区，其他地区 2001—2011 年的发展过程比较波动，而总体趋势上表现出差异下降的是华南地区，且西北地区在 2010 年的内部差异程度达到七个地带的最高水平。华北地区一直表现出差异比较明显的原因是北京和河北较好地以其物流服务规模创造了更多的产值，北京以其“心脏”的地位不仅在基础设施建设上有一定优势，同时结合相对完善的管理体制较高质量地满足了物流需求，且河北凭借地理临近优势，很好地吸纳了北京的外扩能量，但华北其他区域的表现则差距较大，从总体上使得华北地区的区域物流内部差异程度较高。而西北在 2010 年内部差异急剧上升的原因是宁夏以最低的物流规模份额却创造出相对近 8 倍的物流产值规模，比其他所有年份提高了非常大的幅度，九大物流园区的初步运营起了不可小觑的作用。七个地带区域经济内部差异的发展与区域物流有较大的不同（见图 2），2009 年以前内部差异最明显的是华南地区，其次是东北和华北地区，2009 年后情况发生非常大的变化，内部差异最明显的是华北，其次是华东和华南，而西南和西北的经济内部差异一直处于比较弱的状态，这在一定程度上可以理解为：地区经济不发达，能够获取的外部投入少、市场竞争力弱、发展机遇少，所以内部各区域发展水平相近，内部差异较小。2009 年国家颁布了九大行业的调整振兴规划，在很大程度上促进了各区域的经济相对均衡发展，形成了这段时期发展的一个转折点。

七个地带区域物流、区域经济总的差异指数数据如表 1 和图 3 所示。

表 1　　　　2001—2011 年差异指数数据

差异指数 年份	区域物流				区域经济			
	T_{BR}	T_{WR}	T	KZ	T_{BR}	T_{WR}	T	KZ
2001	0. 043	0. 083	0. 126	0. 342	0. 041	0. 129	0. 169	0. 240
2002	0. 037	0. 085	0. 122	0. 304	0. 047	0. 142	0. 189	0. 248
2003	0. 033	0. 089	0. 122	0. 271	0. 050	0. 144	0. 194	0. 258
2004	0. 028	0. 082	0. 110	0. 258	0. 049	0. 136	0. 186	0. 267
2005	0. 009	0. 060	0. 069	0. 131	0. 049	0. 125	0. 174	0. 282
2006	0. 009	0. 075	0. 083	0. 102	0. 048	0. 119	0. 166	0. 287
2007	0. 007	0. 090	0. 097	0. 075	0. 044	0. 119	0. 163	0. 268

续 表

年份＼差异指数	区域物流				区域经济			
	T_{BR}	T_{WR}	T	KZ	T_{BR}	T_{WR}	T	KZ
2008	0. 013	0. 083	0. 096	0. 131	0. 040	0. 109	0. 149	0. 267
2009	0. 017	0. 080	0. 097	0. 179	0. 038	0. 058	0. 095	0. 395
2010	0. 017	0. 099	0. 116	0. 147	0. 034	0. 049	0. 083	0. 407
2011	0. 018	0. 093	0. 112	0. 165	0. 030	0. 044	0. 074	0. 404

注：*KZ* 是以文献［25］的方式计算得出。

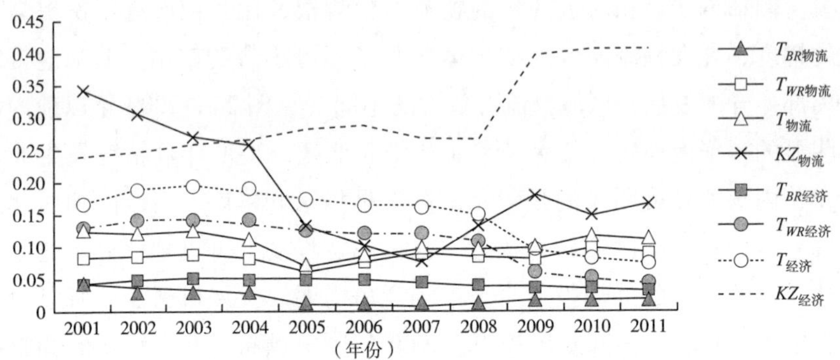

图 3　2001—2011 年差异指数演变

从表 1 和图 3 可以看出，七个地带区域物流的总差异、地带内差异、地带间差异的发展趋势比较相近，尤其是地带内差异与总差异的发展相似程度最高，且地带间的差异程度弱于地带内的差异。$T_{物流}$ 的数值均比较小，表明我国区域物流发展相对均衡，这与以往研究得出的结论有些出入；地带间差异 $T_{BR物流}$ 表现出下滑趋势，表明地带间物流的发展差异在缩小；$T_{物流}$ 指数中较大比重是由地带内差异所占据，地带内差异随着发展，占据的比重越来越大，而且地带内差异波动中保持在 0. 06 ~0. 10 范围内。区域物流、区域经济的地带间差异的发展趋势比较相近，差异程度一直保持缓慢减小的状态；区域物流、区域经济在地带内差异方面表现出较大不同，且 $T_{WR经济}$ 的数值始终大于 $T_{WR物流}$，但在不断减小差异的过程中，至 2011 年表现出区域经济地带内差异要弱于区域物流；$T_{经济}$ 的数值保持缓慢下滑趋势，$T_{物流}$ 以 2005 年为最低点呈 V 形且始终位于 $T_{经济}$ 的上方。

极化指数 $KZ_{物流}$ 表现出区域物流的极化趋势，虽然在 2007 年表现上升趋势，但总体上表现为下降趋势，即区域物流的极化趋势在波动中向弱化方向发展，而 $KZ_{经济}$ 始终保持上升趋势，使得区域经济的极化趋势相对更为明显，区域物流可以考虑作为弱化区域经济极化发展的动力之一。

四、结论

本文通过构建分析区域物流差异发展的 Theil 指数模型，实证分析了 2001—2011 年我国七大地带区域物流的总差异、内部差异、地带间差异，并结合区域经济差异的相关指数，剖析了区域物流差异发展的趋势，得出如下结论：

（1）相关政策的颁布与实施对区域物流差异发展有很大影响。这些年，区域物流的发展受到各级政府的关注，积极制定适应各区域发展的物流业发展规划，促进区域物流基础设施建设、资金支持、人才体系等方面的发展，且随着物流业的发展，国家在 2009 年颁布了《物流业调整和振兴规划》，除了在很大程度上促进了各区域物流的发展，也为所有区域提供了同质的政策环境，有利于所有区域物流获得近似同等发展机遇、缩小发展差异。

（2）区域经济的发展基础对区域物流发展的差异程度产生一定干扰。华东、华北地区物流的内部差异程度一直表现地相对突出，这两大地区内部都存在几个在经济上发展比较优越的区域，区域经济与区域物流的紧密关系早已被很多学者所验证，原有的区域经济构成状态对区域物流的差异程度有很大影响，因此，应在现有的区域经济发展结构中，不仅关注促进区域物流大力发展的动力，而且也要开拓在大力发展的过程中，使各区域物流的差异缩小的途径。

（3）区域物流的发展在一定程度上可以弱化区域经济的极化。在分析区域物流极化发展趋势中，发现区域物流的极化发展趋势在削弱，而区域经济的极化发展趋势在上升，因此，区域物流在为区域经济发展提供服务支持的同时，通过结构调整将有助于弱化区域经济极化发展，成为区域经济均衡发展的动力之一。

（4）各地区应先关注内部的差异问题，再考虑向外部拓展的发展模式。运用重构的 Theil 指数模型分析表明我国区域物流发展相对均衡，与以往对区域物流发展水平进行评价研究的结论稍有出入，是由于评价研究中是以 31 个省区分别为独立的个体来分析，而区域物流总差异中较大部分是由区域内差异指数构成，即中国七大地带内部区域物流发展相对均衡，对总的均衡发展起到了很大的作用。表明若要削弱区域物流的差异发展，应重点关注如何弱化地带内部的发展差异，即各地带不应过多关注如何在外部地带中获得竞争力，而应在促进地带内部相对均衡发展的基础上，以整体竞争优势在外部地带中实现发展，由此在总体上弱化区域物流发展的总体差异程度。

（5）发展的目标不是完全消除差异，而是分析如何在差异中寻求发展机遇。我国由于历史发展的原因，各地区的发展始终没有实现均衡发展，本文对差异发展的研究，目标不是将差异完全消除，而是要在分析现有的差异发展环境下，探讨如何在差异中实现相对均衡的发展，更为关注的是"实现发展"。区域物流发展虽然存在差异，但是在"发展"这一主旋律的引导下，在政策环境的支持下，各区域政府应在深入剖析自身发展情况的基础上，在差异环境下促进区域物流的现代化发展。

参考文献

[1] 石福刚．基于灰色关联的物流产业地区发展不平衡问题研究［J］．宁夏大学学报：人文社会科学版，2012，34（5）：125－130.

[2] 王维国，马越越．中国区域物流产业效率——基于三阶段 DEA 模型的 Malmquist－luenberger 指数方法［J］．系统工程，2012，30（3）：66－75.

[3] 余泳泽，武鹏．我国物流产业效率及其影响因素的实证研究——基于中国省际数据的随机前沿生产函数分析［J］．产业经济研究，2010（1）：65－71.

[4] 万励，李余琪，吴洁明．区域物流需求预测的应用研究［J］．微电子学与计算机，2011，28（9）：160－164.

[5] 刘智琦，李春贵，陈波．基于因子分析与神经网络的区域物流需求预测［J］．计算机仿真，2012，29（6）：359－362.

[6] 曹萍，陈福集．GA——灰色神经网络的区域物流需求预测［J］．北京理工大学学报（社会科学版），2012，14（1）：66－70.

[7] 袁怀宇．基于面板数据的区域物流与经济增长关系研究［J］．山东

社会科学，2012（3）：109－111.

［8］沈忠明，张潜．福建省区域物流与区域经济的实证研究［J］．中央民族大学学报：自然科学版，2012，21（2）：60－64.

［9］彭健．区域经济增长的物流能力支持研究［J］．预测，2011（5）：59－63.

［10］张毅，陈圻．中国区域物流业与经济发展协调度研究——基于复合系统模型与30个省区面板数据［J］．软科学，2010，24（12）：70－74.

［11］李全喜，金凤花，孙磐石．区域物流引力和地位模型的构建及应用研究［J］．经济地理，2010，30（10）：1619－1624.

［12］金凤花，李全喜，马洪伟．基于断裂点理论的上海都市圈物流一体化发展研究［J］．开发研究，2012（6）：131－134.

［13］王能洲，沈玉芳，张婧，马仁锋，刘曙华．区域物流空间整合研究——基于长三角一体化的实证［J］．地域研究与开发，2011，30（4）：36－41.

［14］史劲，刘养洁．论跨边界次区域物流运输一体化的构建［J］．经济地理，2012，32（6）：98－102.

［15］DAI TAMAGAWA，EIICHI TANIGUCHI，TADASHI YAMADA. Evaluating city logistics measures using a multi－agent model［J］. Procedia Social and Behavioral Sciences，2010（2）：6002－6012.

［16］JEśUS MU，PABLO CORTÉS，JOSÉ GUADIX，LUIS ONIEVA. City logistics in Spain：Why it might never work［J］. Cities，2012（29）：133－141.

［17］HIROHITO KUSE，AKIRA ENDO，EIICHIROLWAO. Logistics facility，road network and district planning：Establishing comprehensive planning for city logistics［J］. Procedia Social and Behavioral Sciences，2010（2）：6251－5263.

［18］TINA WAGNER. Regional traffic impacts of logistics－related land use［J］. Transport Policy，2000（17）：224－229.

［19］S KARA，F RUGRUNGRUANG，H KAEBERNICK. Simulation modeling of reverse logistics networks［J］. Production Economics，2007（106）：61－69.

［20］欧向军，顾朝林．江苏省区域经济极化及其动力机制定量分析［J］．地理学报，2004，59（5）：791－799.

［21］郭腾云．1952—2003 年我国区域经济极化趋势及其方向［J］．河北师范大学学报：自然科学版，2005，29（4）：412－416.

[22] 王建军. 基于Theil指数的广东省入境旅游经济时空差异研究 [J]. 地域研究与开发, 2012, 31 (1): 99-103.

[23] 曹永, 秦以旭. 中国区域创新能力差异变动实证分析 [J]. 中国人口·资源与环境, 2012, 22 (3): 164-169.

[24] 贺灿飞, 梁进社. 中国区域经济差异的时空变化: 市场化、全球化与城市 [J]. 管理世界, 2004 (8): 8-17.

[25] LEONID FEDOROV. Regional inequality and regional polarization in Russia, 1990-1999 [J]. World Development, 2002, 30 (3): 443-456.

基于系统动力学的物流企业服务创新研究

田　雪[1]　钱　青[2]　杨江龙[3]

（1，2，3. 北京物资学院，北京，101149）

摘要：企业内外部因素对其物流服务创新有着重要的影响，本文应用系统动力学的思想和观点分析了物流企业服务创新系统与内外部因素之间的关系，通过对企业创新绩效影响因素的分析，建立了能够反映物流企业服务创新绩效的系统动力学模型，同时，应用仿真软件将结果转换为图形化的表达使之更加直观。通过此模型的建立说明物流企业服务创新的实现与自身内在的创新能力以及合作伙伴的创新水平有着密切的联系，物流企业应选择合适的合作伙伴并积极调整与利益相关企业的关系从而促进自身物流服务的创新与发展。

关键词：物流企业；系统动力学；服务创新

引言

在经济、科技全球化的新形势下，创新已经取代自然资源成为决定国家竞争力的决定性因素。服务创新是物流企业持续发展的不竭动力，给物流企业注入新鲜的血液，使企业具有活力，可以增强企业在社会中的竞争力，不会被社会所淘汰。服务创新对于物流企业来说，意义重大，能够带来企业内部过程的改善和企业与用户关系的改善，可以提高企业运作效率和降低成本。如今，随着物流企业不断开拓市场，社会物流成本高已经成为制约物流企业发展的一个重要因素，据中国物流与采购联合会初步计算，2012 年全国社会物流总费用约为 9.4 万亿元，远远超过了西方发达国家的物流费用。本文基于系统动力学的理论与方法构建了物流企业服务创新绩效的模型，通过仿真结果分析物流企业创新绩效的内外影响因素以及物流企业服务创新的作用机制，期望对物流企业服务创新研究提供参考。

一、物流企业服务创新

物流服务创新是指一切与物流服务相关或针对物流服务的创新行为与活动，它通过新的或改进的物流服务产品，或在物流服务过程中采用新技术，或在物流服务中对现存技术的新应用等非物质制造手段来增加物流服务的附加价值。

传统的物流企业有运输、保管、配送、装卸、包装等基本服务。而现在的物流企业会提供一些增值物流服务，就是在提供基本服务的前提下，针对具体的顾客提供具体的服务。现在的物流企业以市场为中心，通过改变其原有的机制达到服务创新，使传统的物流企业获得了更大的市场空间，实现了可持续发展。物流企业服务创新不仅仅是企业内部的创新，还包括企业与外部伙伴建立并维持关系来进行创新，这就是所谓网络视角下的服务创新，即导致创新的异质性资源不仅存在于企业内部，同样也可以通过与外部相关企业的彼此交往获得。由于快速变动的经济发展形势，企业单独进行创新变得越来越困难，而企业的外部伙伴所拥有的资源不同，这些处于网络中的伙伴之间资源互补，信息共享，有利于提高企业服务创新绩效。企业之间相互连接形成了网链型的系统结构，这为应用系统动力学进行分析提供了基础和前提，通过分析企业之间协同发展的创新机制，可以进一步明确物流企业内部以及企业与企业之间创新的影响因素和作用机制。系统动力学综合各种因素，从系统的角度进行研究，更直观地表达了内外部因素对物流企业服务创新的影响，更加有条理性地解释了相互之间的关系。

二、物流企业服务创新的系统动力学模型

系统动力学模型是以定性与定量相结合的研究方法为基础，模拟系统的功能。它从系统的微观构造入手，通过建造反映系统基本结构的模型，进而对系统随时间变化的行为进行模拟研究。物流企业服务创新是在物流服务过程中，应用新思想，新技术，更新服务内容，从而达到增强企业竞争力的过程。与一些通过降低成本提高竞争力的企业不同，物流服务创新通过提高服务质量，进行快速有效的服务，为客户带来新价值取得竞争优势。

关于服务创新，国际上有不少学者对其进行了研究并已形成理论。从

服务业的本质来讲，Tidd 等认为服务创新是指产生新的、发生明显变化的服务观念或服务交付系统，它通过提供新的或改进的解决问题的办法为客户提供更多的附加价值。Berry 等认为服务创新活动包括增加新的服务、扩展现有服务、改进服务提供方式，一个组织的成功与否依赖于它是否很好地通过服务创新来开辟新的市场。Boden M. 等提出服务创新是指在服务过程中服务企业应用新思想和新技术来改善和变革现有的服务流程和服务产品，提高现有的服务质量和服务效率，为顾客创造新的价值，最终形成服务企业的竞争优势。

通过综合前人对服务创新的研究，本文选取了模型中的创新绩效、内生创新能力等指标，统一构建了相应的物流企业服务创新的数学模型，该模型是基于 Lotka – Volterra 模型提出的。Lotka – Volterra 模型是关于生物之间竞争的模型，也有学者基于此模型建立了企业之间相互竞争的关系，而本文基于此建立了物流企业之间相互促进，相互影响的模型。通过建立数学模型，对物流企业之间服务创新因素之间的相互作用进行了定量研究。在本模型中，P_1代表企业 A 的创新绩效，a_1代表企业 A 创新绩效的固有增长，b_1代表企业 A 内生创新能力，c_1代表企业 A 动态能力作用系数，k_1代表企业 A 对 AB 关系的影响系数，相应地，其他变量代表企业 B 的相关因素，建立的模型如公式（1）所示：

$$\begin{cases} \dfrac{dP_1}{dt} = a_1 + b_1P_1^2 + c_1(k_1P_1 + k_2P_2)P_2 \\ \dfrac{dP_2}{dt} = a_2 + b_2P_2^2 + c_2(k_1P_1 + k_2P_2)P_1 \end{cases} \quad (1)$$

最后，考虑企业数量为 N 的情况，微分方程式可以用公式（2）来表示：

$$\frac{dP_i}{dt} = a_i + b_iP_i^2 + \sum_{j=1}^{n} c_i(\sum_{i=1}^{n} k_iP_i)P_j \quad i = 1,2,\cdots,n;\ j = 1,2,\cdots,n; i \neq j \quad (2)$$

其中，创新绩效是企业在一个相当长的时期内（一般为 10 年以上），通过持续不断地推出和实施符合可持续发展要求的创新项目（含产品、工艺、原材料、市场、组织、管理、制度等创新），从而持续获得的经济、科技、社会、环境等方面的效益和成果。企业的初始创新绩效是企业一开始的创新绩效，企业创新绩效的固有增长是企业内部实施一系列行为为创新绩效带来的增长，是企业内部系统的增长，与外界条件无关。企业动态能力是说企业整合、建立和再配置内外部能力以适应环境快速变化的能力，是更新企业能力的能力。“动态”是指对企业能力的更新，以使企业经营和环境变化保持一致；而“能力”则强调了整合和配置内外部资源的能力。动态能力系数是对企业动态能力增长程度的一个指标。企业创新能力是指企业能够有效识别、搜寻、获取、吸收和利用技术知识的能力。其中，创新绩效不仅仅是由环境影响的外生变量决定，还有企业家精神等内部因素的影响，企业内物质与人的技能总和为内生创新能力。企业 AB 之间的关系是由企业 A 与企业 B 相互作用形成的，同动态能力一样，为企业 AB 之间的关系附一个指标，企业 A 对 AB 之间关系有影响，相应地，企业 B 也是。

针对物流企业服务创新系统的研究，在构建系统动力学模型的基础上进一步深入探讨，并结合企业观的相关理论，运用 Vensim 软件将公式（1）所示的物流企业服务创新数学模型转化为相应的系统动力学模型，从而对所研究的内容进行了更为细致的分析。为了更加直观表达当四个系数发生变化时，物流企业创新绩效随着时间产生的变化，本文将两个物流企业的初始创新绩效、创新绩效的固有增长、内生创新能力赋值相同。根据以上模型对各种变量附一具体内涵，得出服务创新系统动力学的相关方程如下：

（1）A 与 B 之间的关系 = 企业 A 对 AB 关系的影响系数 × 企业 A 创新绩效 + 企业 B 对 AB 关系的影响系数 × 企业 B 创新绩效；

（2）A 的内生创新能力 = 0.002；

（3）A 的初始创新绩效 = 10；

（4）A 的动态能力带来的创新增长 = 企业 A 动态能力作用系数 × A 与 B 之间的关系 × 企业 B 创新绩效；

（5）B 的内生创新能力 = 0.002；

（6）B 的初始创新绩效 = 10；

（7）B 的动态能力带来的创新增长 = 企业 B 动态能力作用系数 × A 与 B 之间的关系 × 企业 A 创新绩效；

（8）FINAL TIME = 300；

（9）企业 A 创新绩效 = INTEG（创企业 A 新绩效的固有增长 + A 的内生创新能力 × 企业 A 创新绩效 + A 的动态能力带来的创新增长，A 的初始创新绩效）；

（10）企业 A 动态能力作用系数 = c_1；

（11）企业A对AB关系的影响系数 = k_1；

（12）企业B创新绩效 = INTEG（企业B创新绩效的固有增长 + B的动态能力带来的创新增长 + B的内生创新能力 × 企业B创新绩效，B的初始创新绩效）；

（13）企业B创新绩效的固有增长 = 0.3；

（14）企业B动态能力作用系数 = c_2；

（15）企业B对AB关系的影响系数 = k_2；

（16）企业A创新绩效的固有增长 = 0.3。

这一模型是对物流企业服务创新系统的直观表达，如图1所示。设企业A为物流企业，其创新绩效由A的初始创新绩效、企业A创新绩效的固有增长、A的内生创新能力、A的动态能力带来的创新增长所决定，同时企业A动态能力作用系统影响着A的动态能力带来的创新增长；相应的设企业B为企业A合作伙伴，企业B的创新绩效由B的初始创新绩效、企业B创新绩效的固有增长、B的内生创新能力、B的动态能力带来的创新增长所决定，同时企业B动态能力作用系统影响着B的动态能力带来的创新增长。企业A与企业B在谋求共同发展的过程中，两个企业彼此的创新绩效以及企业A对AB关系的影响系数、企业B对AB关系的影响系数决定着A与B企业之间的关系。A的动态能力带来的创新增长由企业B的创新绩效和A与B之间的关系决定，同理，B的动态能力带来的创新增长由企业A的创新绩效和A与B之间的关系决定。

三、仿真结果分析

运用Vensim软件对上述模型进行仿真，仿真结果如下所示，浅色曲线代表物流企业（即企业A）的创新绩效变化情况，深色曲线代表物流企业的合作伙伴企业（即企业B）的创新绩效变化情况。

如图2所示，当企业A的动态能力作用系数相对于企业B小，且企业A对AB关系的影响系数比企业B对AB关系的影响系数小时，由于物流企业都有各自的初始创新绩效、创新绩效的固有增长、内生创新能力而且彼此对应相同，所以企业B比企业A创新绩效增长幅度大。

如图3所示，当企业A的动态能力作用系数相对于企业B小，且企业A对AB关系的影响系数比企业B对AB关系的影响系数大，由于物流企业都有各自的初始创新绩效、创新绩效的固有增长、内生创新能力而且彼此对应相

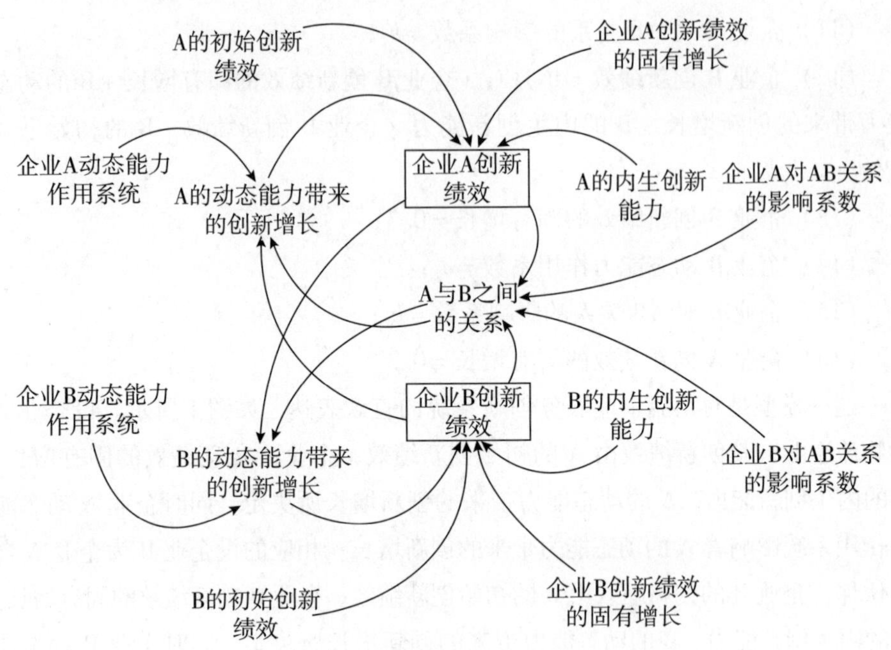

图1　物流企业服务创新系统动力学模型

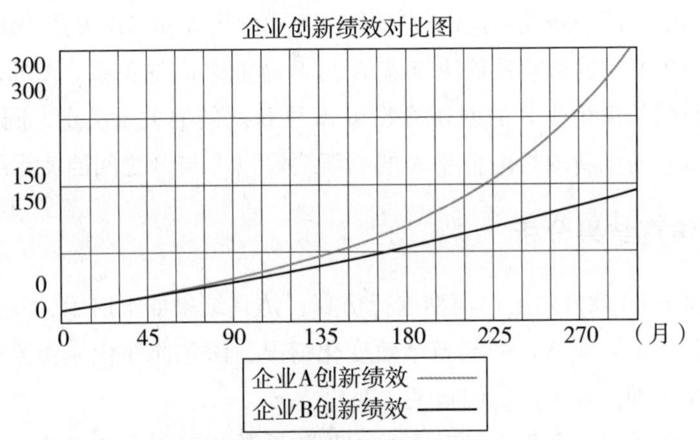

图2　物流企业服务创新仿真结果（a）

同，但是企业动态能力对企业的影响比企业对企业之间关系的影响大，所以企业 B 比企业 A 创新绩效增长幅度大，但由于企业 A 对 AB 关系的影响系数比企业 B 对 AB 关系的影响系数大，比较图 1，企业 B 创新绩效减少。

如图 4 所示，当企业 A 的动态能力作用系数相对于企业 B 大，且企业 A 对 AB 关系的影响系数比企业 B 对 AB 关系的影响系数大，由于物流企业都有

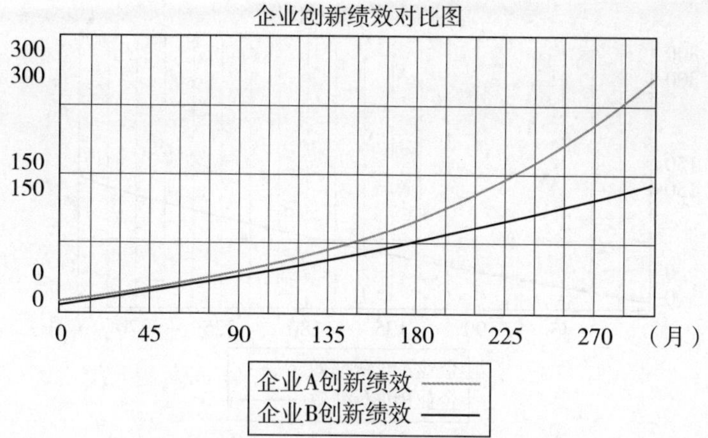

图 3　物流企业服务创新仿真结果（b）

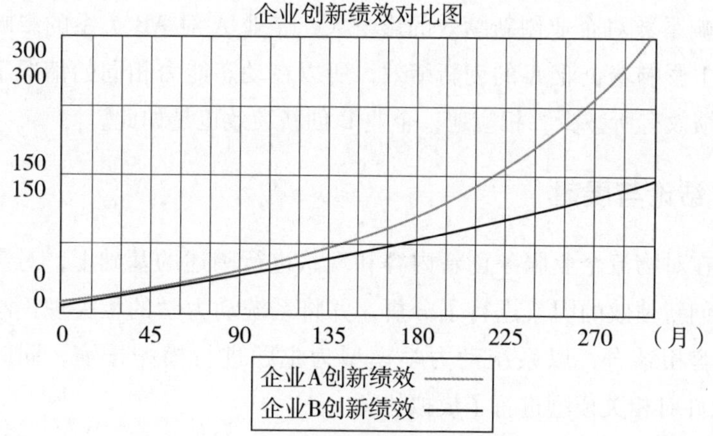

图 4　物流企业服务创新仿真结果（c）

各自的初始创新绩效、创新绩效的固有增长、内生创新能力而且彼此对应相同，所以企业 A 比企业 B 创新绩效增长幅度大。

如图 5 所示，当企业 A 的动态能力作用系数相对于企业 B 大，且企业 A 对 AB 关系的影响系数比企业 B 对 AB 关系的影响系数小，由于物流企业都有各自的初始创新绩效、创新绩效的固有增长、内生创新能力而且彼此对应相同，但是企业动态能力对企业的影响比企业对企业之间关系的影响大，所以企业 A 比企业 B 创新绩效增长幅度大，但由于企业 A 对 AB 关系的影响系数比企业 B 对 AB 关系的影响系数小，比较图 1，企业 A 创新绩效减少。

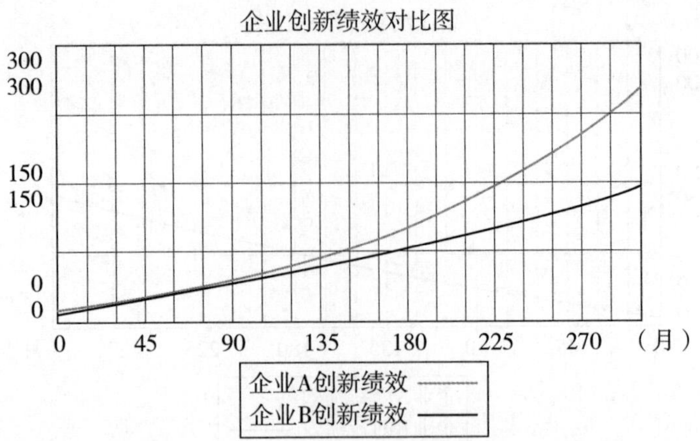

图5　物流企业服务创新仿真结果（d）

通过模拟仿真的结果说明，企业 A 的动态能力作用系数比企业 A 对 AB 关系的影响系数对企业创新绩效的影响大，企业 A 对 AB 关系的影响系数在一定程度上影响着企业 A 的创新绩效，所以在动态能力相同的情况下，企业 A 的创新绩效有所减少，相应地，企业 B 创新绩效也是如此。

四、结论与展望

本文在对物流企业服务创新内容和现状进行阐述的基础上，对影响物流企业服务创新绩效的因素进行了分析，并将系统动力学的相关理论与企业观的部分内容相结合，以系统动力学模型为主题进行模型推演。同时，应用 Vensim 软件对相关模型进行了模拟仿真。

对于物流企业来说，一方面需要更加注重自身创新水平的提高，同时积极主动地与创新能力较高的合作伙伴合作，通过合理优化配置物流企业内、外部可以推动服务创新的异质性资源，最大限度地提升自身服务创新的水平；另一方面也要提高风险防范，防止在与创新水平不高的企业合作时，对自身服务创新水平发展所带来的抑制和不利影响。

参考文献

[1] CHAPMAN R L, SOOSAY C. Innovation in logistic services and the new

business model A conceptual framework [J]. International Journal of Physical Distribution & Logistics Management, 2003, 33 (7): 630 - 650.

[2] DREJER I. Identifying innovation in surveys of services: A schumpeterian perspective [J]. Research Policy, 2004 (33): 551 - 562.

[3] FORSMAN H. Innovation capacity and innovation develop - ment in small enterprises: a comparison between the manufacturing and service sectors [J]. Research Policy, 2011, 40 (5): 739 - 750.

[4] CHYI JAW, JYUE - YULO, YI - HSING LIN. The determinants of new service development: Service characteristics, market orientation, and actualizing innovation effort [J]. Tec - novation, 2010 (30): 265 - 277.

[5] 刘丹. 物流企业服务创新特性及类型 [J]. 中国流通经济, 2013 (5): 28 - 34.

[6] 向刚, 熊觅, 李兴宽, 陈晓丽. 创新型企业持续创新绩效评价研究 [J]. 科技进步与对策, 2011, 28 (8): 119 - 123.

[7] 徐声慧, 陈桂香. 出版企业动态能力理论研究 [J]. 湘潭大学学报: 哲学社会科学版, 2011, 35 (5): 35 - 39.

[8] 毕勛磊. 我国企业创新绩效分析 [J]. 科技进步与对策, 2011, 28 (20): 94 - 98.

[9] 王静. 第三方物流企业服务创新的价值与绩效分析 [J]. 交通企业管理, 2008, 23 (4): 23 - 25.

[10] 蔺雷, 吴贵生. 服务创新 [M]. 北京: 清华大学出版社, 2007.

元戎公司仓储管理现状及对策研究

张馨予

（北京物资学院，北京，101149）

摘要：本文首先介绍了我国仓储管理的现状及发展阶段，然后简要概述了元戎公司的管理情况，继而找出其在仓储管理方面存在的问题，最后有针对性地提出改进意见及对策。

关键词：元戎公司；仓储管理；对策

一、引言

随着经济全球化进程的加快及我国加入 WTO，我国企业面对着更加激烈的市场竞争环境，物流在整个国民经济中发挥着越来越重要的作用。在产品供应链运作的全过程中，现代物流管理能够通过对物流活动的有效整合与控制，实现整个供应链上的供应商、制造商、分销商及最终用户的价值最优化。仓储管理是对物料在生产、流通过程中处于相对静止状态时的管理问题。由于现代物流观念日益被人们所接受，现代物流强调以时间换空间，要求物流实现高效率和高效益移动。

为此，本文通过对元戎公司物流管理中仓储与配送方面的现状研究，以及对该公司存在问题的分析，主要从仓库库存选址，库存控制，拣选验收和仓储成本管理等方面提出改进对策，寻求一条提高仓储管理效率和效益的道路，从而使之从原来的单纯保管物料发展为利用信息化手段对仓储进行规划和控制的高技术含量的管理工作。

二、我国仓储管理现状与发展阶段

（一）我国仓储管理现状

1. 仓储基础设施建设水平大幅提高

仓储业的基础设施主要有库房、货场、道路、供排水、电力、消防、防雷等，其中变化最大的是库房、货场和消防。

自动化立体仓库的数量在迅速增加，目前年增长率超过30%，应用于医药、家电、食品及奶制品、汽车零配件、润滑油等物品的保管，基本上实现了快速选拣、自动分配货位、存储能力优化的功能。

特种仓库发展迅速。特种仓库指用以储存具有特殊性能、保管条件要求特别的商品、物资的仓库。这类仓库的建筑结构、保管养护设施、装卸搬运条件、技术管理操作规程以及环境保护、劳动保护等方面都有特定要求，管理人员应经过专门训练，主要包括冷库和化学危险品仓库等。冷库分为冷藏和冷冻两种。冷藏库温度一般在0℃～10℃选择，冷冻库温度在－18℃～0℃选择，深冷库温度可达－60℃～－30℃。冷库主要用于食品、药品和储藏保管。目前我国的冷库总容量超过1000万吨，但仍然不能满足社会需求。

化学危险品仓库是我国严格管理的仓库，因为所存物资有易燃易爆、易泄露、毒性大的特性。虽然在技术要求上越来越严格，装备水平越来越高，但因投资巨大，总量上供不应求，使得一些存货人违规将危险物资存入普通仓库，不断发生事故。

2. 仓库选址和规划更加理性科学

建设一座仓库，需要考虑许多因素，其中最主要的是：物流流量和流向、网络布局定位、交通条件和自然地质条件。仓库规划服从于当地经济发展的需要，减少了行政因素的影响。

合理的库址选择有利于充分利用人力、物力和自然资源；有利于促进该地区的经济发展；有利于保护环境和生态平衡。

库址选择的合理与否，直接影响配送中心的基建投资、服务的范围和成本、发展前景、企业经济效益和国民经济效果。

如果库址选择不当，仓促上马建设后再纠正，就会造成很大的损失。若等到建成后再发现问题，将会给企业带来致命的缺陷，而这些缺陷有些是无法通过企业的经营管理来弥补的。

另外，也要符合所在地区、城市、乡镇总体规划布局；符合土地管理、环境保护、水土保持等法规的有关规定，节约用地，不占用良田及经济效益高的土地；有利于保护环境与景观，不污染水源，并符合现行环境保护法规的规定；便于利用当地自然条件、资源条件、运输条件及公共设施等。

3. 仓储作业机械化、自动化程度提高

主要体现在叉车、吊车、货梯、输送机等物流机械的广泛使用。

近年来，我国叉车产量和使用量都在迅猛递升，叉车的品种日益丰富，大致分为正面式叉车、侧面式叉车和转叉式叉车，其中以正面式叉车最为普遍。随着仓库集装箱作业量的增大，大吨位的集装箱叉车使用率将越来越高。

吊车分为用于货场作业的门式起重机、用于库房内作业的桥式起重机以及移动灵活的轮胎式起重机。在通用仓库中，吊车的吊装吨位越来越大，已经有1000吨的门式起重机出现。

货梯主要用于楼库，使货物垂直运动。货梯早已有之，但随着新一轮的楼库建设，货梯的结构、功能和使用率都会提升。

输送机是一种库内搬运机械，在散装、箱装货物的运送中广泛使用。

伴随着仓储作业机械化、自动化程度的提高，物品的包装标准化、集装化、托盘化和编码技术也不断提高。

4. 仓储信息系统的发展

仓储信息系统是一个更为复杂的管理和技术问题。目前一些规模较大的仓储企业都在实行计算机管理。目前，在有一定规模的企业中，ERP的普及率已相当高。

条码系统被广泛地用于家电、日用品等货物的存取业务中，但射频系统仍只在少数先进企业中使用。

运输配送是仓储业的重要功能之一，在这项业务中UPS定位及配送业务管理软件，成为重要的工具。它确保了送货的准确性、安全性，满足了客户随时了解货物情况的需求。

监视系统被广泛使用，它能使管理者随时看到仓库各部门、场地的工作情况，也能将信号传递给存货人，使其能实时看到所存货物的状况，同时有效地防止盗窃。仓储管理的计算机系统还能实现与仓储物流各方关联人的计算机系统对接，实现信息数据共享，无纸化运行及实时监控。

（二）我国仓储管理发展阶段

1. 人工和机械化的仓储阶段

这阶段物资的输送、仓储、管理、控制主要是依靠人工及辅助机械来实

现。物料可以通过各种各样的传送带、工业输送车、机械手、吊车、堆垛机和升降机来移动和搬运，用货架托盘和可移动货架存储物料，通过人工操作机械存取设备，用限位开关、螺旋机械制动和机械监视器等控制设备来运行。机械化满足了人们对速度、精度、高度、重量、重复存取和搬运等方面的要求，其实时性和直观性是明显优点。

2. 自动化仓储阶段

随着计算机技术的发展，工作重点转向物资的控制和管理，要求实时、协调和一体化。计算机之间、数据采集点之间、机械设备的控制器之间以及它们与主计算机之间的通信可以及时地汇总信息，仓库计算机及时地记录订货和到货时间，显示库存量，计划人员可以方便地作出供货决策，管理人员随时掌握货源及需求。

信息技术的应用已成为仓储技术的重要支柱。到20世纪70年代末，自动化技术被越来越多地应用到生产和分配领域。“自动化孤岛”需要集成化，于是便形成了“集成系统”的概念。在集成化系统中，整个系统的有机协作，使总体效益和生产的应变能力大大超过各部分独立效益的总和。集成化仓库技术作为计算机集成制造系统（Computer Integrated Manufacturing System，CIMS）中物资存储的中心受到人们的重视，在集成化系统里包括了人、设备和控制系统。

3. 智能化仓储阶段

在自动化仓储的基础上继续研究，实现与其他信息决策系统的集成，朝着智能和模糊控制的方向发展，人工智能推动了仓储技术的发展，即智能化仓储。现在智能化仓储技术还处于初级发展阶段，21世纪仓储技术的智能化将具有广阔的应用前景。20世纪70年代初期，我国开始研究采用巷道式堆垛机的立体仓库。1980年，由北京机械工业自动化研究所等单位研制建成的我国第一座自动化立体仓库在北京汽车制造厂投产。从此以后，立体仓库在我国得到了迅速的发展。

据不完全统计，目前我国已建成的立体仓库有300座左右，其中全自动的立体仓库有50多座，高度在12米以上的大型立体仓库有8座，这些自动化的仓库主要集中在烟草、医药保健品、食品、通信和信息、家具制造业、机械制造业等传统优势行业。在此基础上我国对仓库的研究也向着智能化的方向发展，但是目前我国还处于自动化仓储的推广和应用阶段。

三、元戎公司仓储管理介绍

（一）元戎公司简介

元戎物流仓储有限公司成立于2005年1月，注册资金1500万美元。公司总部设在青岛，网络覆盖全国八大区域。其核心业务为：物流方案设计与优化、供应链管理、仓储装卸、库存管理、干线运输、二次配送、城际快运、融资监管以及物流信息服务等增值服务。

近年来，公司在巩固现有业务的基础上，还积极开拓融资物流业务。在与山东省内的所有股份制商业银行保持良好业务关系的同时，公司与省外太原中信、苏州中信、海口深发展、杭州深发展等多家银行建立了业务关系，并且与济南华夏、太原中信、海口深发展等10家银行建立了正式业务关系，融资物流业务现已成为公司新的利润增长点。

城际快运会展业务经过近一年的发展，目前已经成功进入青岛、济南会展市场，成为当地会展中心物流指定服务商。截至目前，公司已经在全国100多个城市建立起了70多个物流中心、15个干线办事处、16个城际快运站点、400多个融资物流监管点，监管敞口额度超过50亿元，年家电操作量达5000万台，物流营业额超过了3亿元。

（二）元戎公司仓储管理业务介绍

1. 技术方面

元戎公司在技术方面的主要业务包括：仓库的选址与建筑问题，仓库机械作业的选择与配置问题，仓库的业务管理问题，仓库的库存管理问题，仓库业务考核问题，新技术、新方法在仓库管理中的应用及配送管理问题等。

2. 经营方面

元戎公司在经营方面的主要业务包括：货源的组织、仓储计划、仓储业务、货物包装、货物养护、仓储成本核算、仓储经济效益分析、仓储货物的保税的类型、保税制度和政策、保税货物的海关监管、申请保税仓库的一般程序等。

3. 管理方面

元戎公司在管理方面的主要业务包括：仓储的时间、仓储的数量、仓储的条件、仓储的结构、仓储的地点等。

（三）元戎公司仓储管理流程分析

元戎公司仓库作业组织（见图1），按仓库作业阶段主要分为三方面内容：

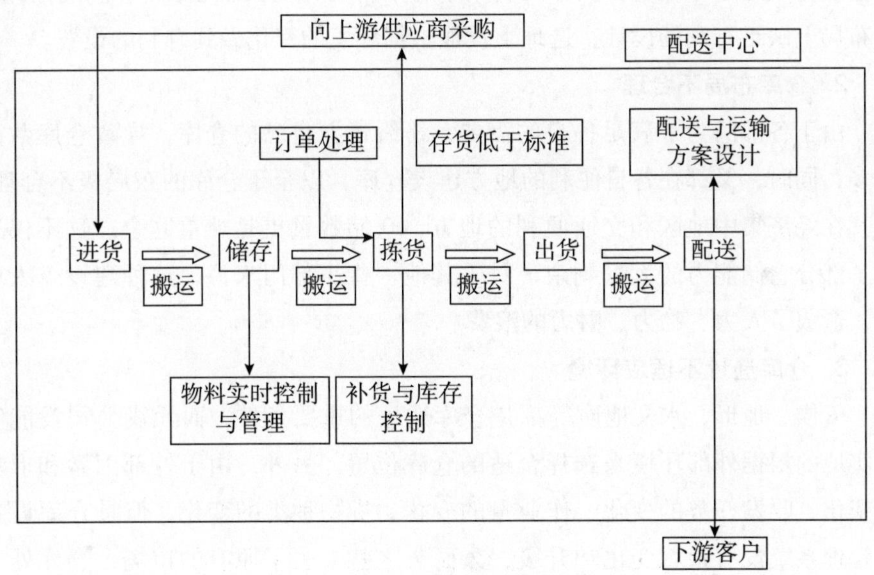

图1　仓储管理流程

1. 商品入库验收

在这一阶段，首先要将商品接运，接下来就是入库验收，最后一个环节是办理入库交接。

2. 商品保管养护

这里主要包括三个方面的内容：商品的养护，仓库的账务统计工作，商品的保管。

3. 商品出库配送

公司按照以下流程配送：核对领发凭证，集中备货，复核，办理交货手续，善后处理。

四、元戎公司仓储管理问题分析

（一）仓库规划方面

1. 调查分析工作欠缺

没有做好仓库建设和规划的充分调查分析工作。这就使得仓库在建设前的设计和规划中，存在着重大的决策问题。没有对其必要性进行研究和分析，在建设完成之后才发现在实际的利用中对于自动化的要求很低，利用率很小。在布局上缺乏有利的设计，选址上没能根据环境的变化做到有利的设置。

2. 仓库布局不合理

由于各部门为了满足各自的需要，纷纷建立自己的仓库，导致仓库数量众多，同时，又都在各自便利的地方建设仓库，以至于仓库的布局极不合理。尤其在经济集中地区和交通便利的地方，仓储数量更是严重冗余。这不仅造成了部分仓储能力的大量剩余，对于其他一些小部门来说，这种建设令人费解，造成了人力、物力、财力的浪费。

3. 仓库选址不适应环境

气候、地形、水文地质等都是仓库选址的重要条件，而元戎公司没能实施实地的根据外部环境来选择合适的仓库位置。另外，由于外部因素和形势的变化、收发任务的变化、作业量的变化、货物种类的变化，但是仓库设备和管理系统没有跟着变化和升级，久而久之就失去了原有的市场，仓库处于一种闲置状态。

（二）库存控制方面

1. 库存资源闲置，使用频度低

元戎公司的仓库利用率低、效果不明显、规模不确定、优势不突出，成为其致命的弱点。许多库场资源闲置，对一些产品批量小而单一的订单难以实现仓库自动化，库场设施设备资源闲置与重复配置矛盾突出。

2. 库存控制不当，数量不准确

一方面，经常出现库存过多或缺货现象，没能安排合理的生产计划，始终在生产，造成销售淡季时公司成品过多，而销售旺季又出现缺货现象。另一方面，过期产品没有及时处理，仓库内经常出现商品过期现象，大多为日期过期或提前变质，仓管员只是将过期产品堆放在一旁，到一定量时才处理，没及时处理的商品，经常会发生霉变，异味，严重影响公司形象。

（三）拣选验收方面

1. 货物验收无序，方法不合理

元戎公司规定对入库商品实行点数法对入库的每一件商品逐一进行验收，包括确认外包装、数量、质量、保质期等，但验收人货物验收马虎了事，仓管员在自己熟悉的物料员将产品入库时，只随意看一眼，不做任何核对验收，数量更无法准确登记，没有把好质量观，验收后的物资也没按类分别。

2. 拣选过程繁杂，出货不合理

公司没能将货物按照一定次序进行归置，拣选时间过长，很难按照订单要求迅速找到所需物品，且由于采购不及时或者生产没有按计划完成生产任务，销售部门对仓储部货物成品不清楚，最终导致交货不及时。经常出现订的货物要迟一两天才能送达，严重影响了公司的信誉度。

3. 货验员验货不仔细

货验员验货不仔细，从而导致库存资源质量低下。公司安排专门人员把好食品质量关，要求对商品外观、包装、质量进行验收。少数质检人员对自己熟悉的人货物检查不严格，只进行简单的外观目测，马虎了事，对其中一些不符合标准的商品检查马虎，使小部分商品严重不合格。

（四）仓储成本方面

1. 仓储成本过高

公司没能根据实际情况进行分析计算，购进材料与加工生产原料不匹配，导致成本增加。资金占用无法在控制范围内，影响公司利润。

2. 仓储物料浪费严重

对于剩余原材料，不能及时进行登记入库，留待使用，而是任由生产部门处置，以致原材料浪费严重，不能节约材料的使用。

3. 规章制度不完善

我国已经建立的仓储方面的规章制度，随着生产的发展和科学水平的提高，有些已经不适合实际情况。目前我国还没有一部完整的《仓库法》，仓储管理人员的法制观念不强，仓储内部的依法管理水平也比较低下，所以致使元戎公司不能依法治理违规人员，仓储部门很难运用法律手段来维护企业自身的利益，从而导致仓储成本居高不下。

五、元戎公司仓储管理改进对策

（一）仓库选址及规划的改进

1. 原料供应和产品销售方面

从供应来看，公司的配送中心要尽量接近原料或产品生产产地。从销售组织来看，公司的库址还要接近产品主要销售地区。综合考虑，达到总体最优。

2. 外形与地形方面

元戎公司所在地点较为自然，一般情况下，坡度不能大于5‰。并且，外形要简单，适合物料进出库即可。库区内地形有利于库房、料场和料棚的布置、运输联系及场地排水。

3. 气候条件方面

库址应具备与储存物料相适应的气候条件，元戎公司位于青岛，特别要考虑高温、高湿、云雾、风沙和雷击地区对保管产生的不良影响。

4. 水文地质条件方面

公司库址所在地地下水位最好低于地下室和地下构筑物的深度；地下水对建筑物基础最好无侵蚀性。

5. 交通运输条件方面

公司自从开展城际快运业务后，地区选择更应谨慎。在运输方式、运输距离、运费等方面要做到最优化；地点选择更应便于实现厂内、外运输的连接。

（二）库存控制的改进

1. JIT库存管理

元戎公司库存控制不当，一方面，可采用JIT库存管理办法，按照顾客要求的时间、地点，按照其需要的数量生产或提供其需要的产品或服务，也就是“按需储存”。公司要尽量以需求为动力，拉动储存计划，需方需要什么品种，需要多少，什么时候需要，什么地点需要，完全由需方向我方发出指令，我方根据需方的指令，将需方的品种按需求的数量，在所需的时间运送到指定的地点。不多送，也不少送，不早送，也不晚送，运送的品种要保证质量，不能有废品。

另一方面，可采用较少的供应商，对供应商的选择也要综合评价，对交货的准时性要求严格，保持通畅的信息交流。

2. 渠道库存管理

供应链的下游库存点和上游库存点共享供货需求信息，当信息到达源头制造商时，所获得的需求信息与实际市场需求信息差异很大。

因此，可将元戎公司分销渠道按渠道的级数划分为二级渠道（见图2）：

制造商→批发商→零售商→消费者

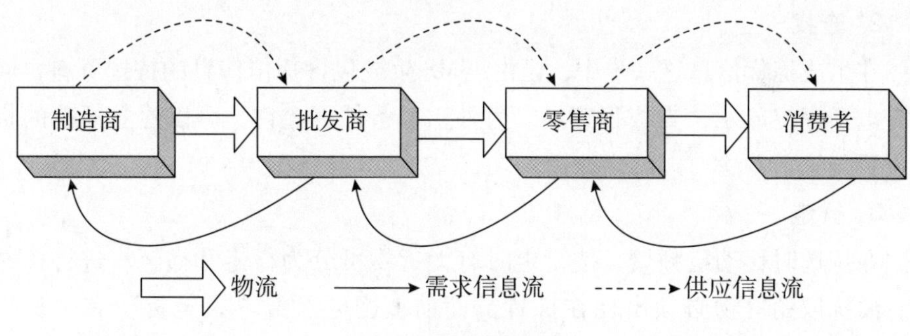

图2　库存控制渠道

在公司的这条物流供应链中，整体库存包括公司自身的库存以及渠道库存。元戎公司渠道库存主要包括地区分公司、自营店、特许加盟店、联营专柜、批发代理商等中的库存。

元戎公司采用这种二级渠道的库存管理方法，既可以保证必要的渠道库存来进行正常的销售，又可以防止过量的渠道库存造成的商品积压，或资金难以收回等情况。

（三）拣选验收作业的改进

元戎公司从前验收货物无序，方法不合理；拣选过程复杂，出货不合理。如今，要按照以下程序（见图3）进行：

1. 生成拣货信息

拣选作业开始前，必须根据订单完成拣选作业的单据和信息。

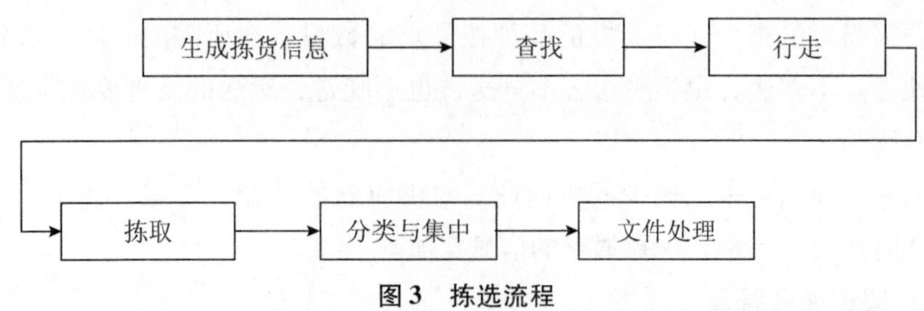

图3　拣选流程

元戎公司的配送中心直接根据订单或公司的交货单作为人工拣选的工作单，这样做会无法标示出产品的货位，不利于指导拣货员缩短拣选路径，所以必须将原始的订单转换成拣选单或电子信号，以使拣货员或自动拣取系统进行更有效的拣选作业。

2. 查找

在生成拣货信息这一步中，已由 WMS 生成包含货位信息的拣选资料，或者有电子标签显示，查找很容易。另外，若条件不允许，可以建立规范的货位设置与管理方法，以简化查找。

3. 行走

在拣选时移动最频繁，按行走时有无货物可分为行走和搬运。进行拣选时，要拣取的货物必须出现在拣货员面前，这可以由“人至货”和“货至人”两类不同的方式来实现。

4. 拣取

当货物出现在拣货员面前时，接下来的动作就是接近货物、抓取与确认。确认的目的是为了确定抓取的物品、数量是否与指示拣选的信息相同。

操作时，利用拣货员读取品名与拣选单对比，或电子标签的按钮确认。此外，更先进的方法是利用无线传输终端读取条码由计算机进行对比。

准确的确认动作可以大幅度降低拣选的错误率，同时也比出库验货作业发现错误更及时有效。

5. 分类与集中

由于拣选策略的不同，拣取出的货品可能还需要按订单类别进行分类与集中，拣选作业到此告一段落。分类完成的每一批订单的类别和货品经过检验、包装等作业然后发货出库。

6. 文件处理

手工完成拣选作业，并核对无误后，可能需要作业者在相关单据上签字确认，当然在提取时已采用电子确认方式，由计算机进行处理了。

（四）仓储成本的改进

针对元戎公司仓储成本过高、物料浪费严重的情况，建议采取以下几种途径来降低仓储成本：

（1）分类管理；

（2）集中库存；

（3）加速周转，提高单位产出；

（4）采用有效的“先进先出”方式；

（5）提高存储密度和仓容利用率；

（6）采用有效的储存定位系统；

（7）采用有效的监测清点方式。

六、结束语

本文针对元戎公司仓储管理方面进行了多方面分析，认为该公司主要存在四个方面的问题，一是仓库规划方面，二是库存控制方面，三是拣选验收方面，四是仓储成本方面，基于目前我国国内仓储物流状况，并结合元戎公司自身提特点，针对以上四个方面，提出了改进的对策，一是仓库选址要适应环境，二是库存控制要有方法，三是拣选发放要按照流程，四是仓储成本有效降低。

参考文献

［1］李玉良，邵新宇，等．CPFR——供应链库存管理技术的新趋势［J］．机械设计与制造工程，2011，30（3）：1－3.

［2］刘永胜．供应链库存管理面临的挑战与对策［J］．经济问题，2010，20（3）：21－23.

［3］叶梅．仓储管理［M］．北京：清华大学出版社，2009.

［4］唐纳德·沃尔特斯．库存控制与管理［M］．李习文，李斌，译．北京：机械工业出版社，2009.

[5] 李志翔．物流管理［J］．物流与采购研究，2009（2）：222－226.

[6] 马士华．供应链管理［M］．北京：机械工业出版社，2008.

[7] RONALD H BALL. 企业物流管理——供应链的规划组织和控制［M］．北京：机械工业出版社，2008.

[8] 田源．仓储管理［M］．北京：机械工业出版社，2008.

[9] 汝宜红．物流学［M］．北京：中国铁道出版社，2OO7.

[10] 潘玮，董平军．基于供应链管理的制造业库存管理系统研究［J］．东华大学学报：自然科学版，2007，28（1）：61－65.

[11] 符光辉，赵启兰，王耀球．零库存——制造业的思考［J］．中国储运，2006，30（4）：31－32.

[12] 宋华，胡左浩．现代物流与供应链管理［M］．北京：经济管理出版社，2006.

基于投入产出理论的北京市物流业与制造业、生产性服务业互动需求分析

田　雪[1]　塔　阳[2]　杨江龙[3]

（1，2，3. 北京物资学院，北京市，101149）

摘要：物流业是生产性服务业的重要组成部分，同时也与现代制造业的发展密切相关，存在着互相影响、互相制约的辩证关系。相关生产性服务行业以及制造业的发展离不开物流业的辅助，同时物流业的发展也离不开生产性服务业内部其他产业以及制造产业的发展。所以，研究物流业与生产性服务业、制造业的互动发展便有了重大意义。本文以北京市为例通过运用投入产出理论计算出了北京市物流业与制造业、生产性服务业的直接消耗系数，并分析了互相需求关系，以便可以了解北京市物流业与制造业、生产性服务业互动发展的现状，进一步为北京市物流业、制造业的发展提出相应建议。

关键词：物流业；产业联动；投入产出理论

一、引言

物流产业对于制造业发展的重要作用已经得到了学者们的广泛认可。尤其是在经济发展阶段转化的过程中，以物流为代表的生产性服务业成为了社会经济创新转型的主导力量。北京作为政治、文化中心，超大型城市和环渤海经济区的核心，是国家级物流节点城市、全国流通领域现代物流示范城市之一。北京市“十二五”规划纲要提出：“着力发展高端现代制造业，改造提升传统制造业”，“促进经济结构由服务业主导向生产性服务业主导升级，打造服务区域、服务全国、辐射世界的生产性服务业中心城市”。北京在进入服务经济、形成以生产性服务业为主导产业的产业结构之后，物流业与制造业的联动发展就成为了制造业转型升级的主要动力。在北京建设世界城市、创

新城市的大背景下，如何更好地促进两者联动发展，亟须加强对策研究。

物流产业与制造业的联动过程，实际是在产业分工深化的基础上，原产业价值链分解并重新与物流业融合，形成效率更高的新型产业价值链网，获取产业竞争优势的过程。实际表现为两种产业的互动需求。在制造业与物流业的联动过程中，物流产业与制造业之间的相互需求结构发挥了创新扩散效应，带动两个产业共同成长，促进产业结构整体升级。并且这两者之间的需求结构受到了相关的经济发展和服务业整体发展水平的影响。所以本文从北京市制造业与物流业的相互需求以及物流产业对其他服务业的需求两个方面，探讨北京市物流产业与制造业联动的互动需求结构和发展趋势。

本文首先通过对物流业与其他产业互动的相关论文的梳理，厘清了目前物流业产业互动的研究现状。其次，运用投入产出理论分析了2002—2010年北京市物流业对制造业和其他生产性服务业的互动需求情况，在此基础上，为未来北京市物流业和制造业联动发展提出对策性建议。

二、相关研究文献综述

投入产出分析方法是瓦希里·列昂惕夫在20世纪30年代研究并创立的一类经济数量分析方法。它以棋盘式平衡表的方式反映、研究一个经济系统各个部分之间表现为投入与产出的相互依存关系。投入产出法从诞生到现在的半个多世纪以来通过经济学家悉心研究，在理论和应用方面都取得了丰硕成果，并得到了很大的发展。在理论研究方面，投入产出技术从一开始的静态、线性模型发展到了动态、非线性模型，并与最优化等其他分析方法相结合。目前，理论上发展比较成熟的是动态模型、投入占用产出模型、投入占用产出技术与动态化以及最优化模型结合。投入产出的基本模型和基本方法已经定型，现有研究在编表方法、模型精度等方面推进了投入产出技术的进步。

产业互动又可以称为产业联动，可以定义为：以产业关联为基础，位于产业链同一环节或不同环节的企业之间进行的产业协作活动。关于产业联动，吕涛、聂锐提出了产业联动理论支撑以及表现形式；施同兵、简晓彬以江苏为例研究了产业互动对可持续发展的作用。

至于研究物流业与其他产业互动方面，在国家关于促进物流业与其他产业互动发展政策的推动下，学术界对这一问题也展开了日益广泛并深刻的探讨：张丽平、杨江龙运用结构洞理论对物流业与制造业之间的互动进行了分析；候红昌运用协整分析方法研究了河南制造业与物流业的联动发展；王晓燕、李道芳运用交易费用、博弈论等理论对安徽省物流业与制造业的互动进行了分析；朱长征运用灰色关联分析研究了陕西省制造业与物流业联动发展。

通过梳理前人的研究不难发现：第一，研究物流业与制造业产业互动的文章较多，研究物流业与生产性服务业内部其他产业的文章不多见；第二，运用投入产出分析方法研究物流业与其他产业的文章不多见；第三，从研究的地域来看，以北京市的物流业与其他产业互动为研究对象的文章不多见。本文因此以投入产出模型为工具对北京市物流业与制造业以及其他生产性服务业之间的联动进行分析。

三、直接消耗系数理论以及相关数据说明

（一）直接消耗系数

投入产出法是通过投入产出表、投入产出模型来对产业间“投入”与“产出”的数量比例关系进行分析的方法。本文运用投入产出模型中的直接消耗系数来研究物流业与制造业、生产性服务业之间的互动。一个产业的运行既要消耗别的产业提供的产品，自身又要被别的产业所消耗，从而构成产业与产业之间的相互消耗关系。揭示这种产业与产业之间的相互消耗关系可以用直接消耗系数来反映。

直接消耗系数（a_{ij}）是指第 j 产业生产单位产品所直接消耗的第 i 产业的产品数量，用公式表示为：

$$a_{ij}=\frac{x_{ij}}{X_j}\ (i,\ j=1,\ 2,\ \cdots,\ n)$$

其中，x_{ij} 指第 j 产业对第 i 产业的消耗量；X_j 指第 j 产业的总投入。

直接消耗系数可以反映物流业与其他产业之间存在的相互直接提供产品的依赖关系。直接消耗系数越大，反映第 j 产业对第 i 产业的依赖程度越高，反之越低。本文一方面运用各产业对物流业的直接消耗系数以及物流业对各产业的直接消耗系数，把握物流业与制造业在发展中的相互直接依赖程度；另一方面运用物流业对各生产性服务业的直接消耗系数以及各生产性服务业对物流业的直接消耗系数，把握物流业与生产性服务业的相互直接依赖程度。

（二）数据说明

根据 OECD 2000 年、2006 年版投入产出表划分整理，本文选取物流业、信息服务业、商务服务业、金融服务业、技术服务业代表生产性服务业进行分析。同时，引用 2003 年 OECD 制造业分类方法，将制造业分为高技术制造业、中高技术制造业、中低技术制造业、低技术制造业。

从纵向角度对北京市物流业与生产性服务业、制造业的互动需求进行投入产出分析，选取了北京市 2002 年、2005 年、2007 年、2010 年四个时点的投入产出表，所有数据均来自北京市 2012 年投入产出调查网，为正确分析北京市物流业与制造业、生产性服务业的产业关联提供了一个良好的基础。四个时点的投入产出表均采用的是 42 个部门分类的投入产出表。各制造业的数据采用情况如表 1 所示，各生产性服务业的数据采用情况如表 2 所示。

表 1　　　　各制造业的数据采用情况

高技术产业	通信设备、计算机及其他电子设备制造业
中高技术产业	交通运输设备制造业
	仪器仪表及文化办公用机械制造业化学工业
	电气机械及器材制造业
	通用、专用设备制造业
	化学工业
中低技术产业	石油加工、炼焦及核燃料加工业
	非金属矿物制品业
	金属冶炼及压延加工业
	金属制品业
低技术产业	食品制造及烟草加工业
	纺织业
	纺织服装、鞋帽、皮革、羽绒及其制品业
	木材加工及家具制造业
	造纸印刷及文教体育用品制造业
	工艺品及其他制造业

表 2　各生产性服务业的数据采用情况

物流业	交通运输及仓储、邮政业
信息服务业	信息传输、计算机服务和软件业
金融服务业	金融业
商务服务业	批发和零售业
	住宿和餐饮业
	租赁和商务服务业
技术服务业	研究与试验发展业
	综合技术服务业

四、北京市物流业与制造业、生产性服务业互动需求分析

本文利用北京市 2002 年、2005 年、2007 年、2010 年的投入产出表来对北京市物流业与制造业、生产性服务业的互动需求进行分析。本文首先对各年的投入产出表按照制造业和生产性服务业进行了筛选，然后将筛选出的各个部门按照高技术制造业、中高技术制造业、中低技术制造业、低技术制造业、物流业、信息服务业、金融服务业、商务服务业、技术服务业进行了合并。本文计算了各年物流业与制造业、生产性服务业的直接消耗系数，然后对物流业与制造业、生产性服务业的相互消耗关系进行了分析，以期望通过对近年来北京市物流业与制造业、生产性服务业的关联情况分析，探索北京市现有物流业、制造业发展的重点领域，并为北京市产业结构升级与调整提供战略性借鉴。

（一）北京市物流业与各类制造业的互动需求分析

1. 2002—2010 年北京市各制造业对物流业的需求

表 3　2002—2010 年北京市各制造业对物流业的需求量

行业		2002 年	2005 年	2007 年	2010 年
低技术产业	物流	0. 041769914	0. 044756241	0. 015415725	0. 009456674
中低技术产业		0. 18828739	0. 164070464	0. 259269935	0. 142931236
中高技术产业		0. 177757989	0. 259250829	0. 105737625	0. 087161873
高技术产业		0. 012517306	0. 009230597	0. 002079155	0. 001212432

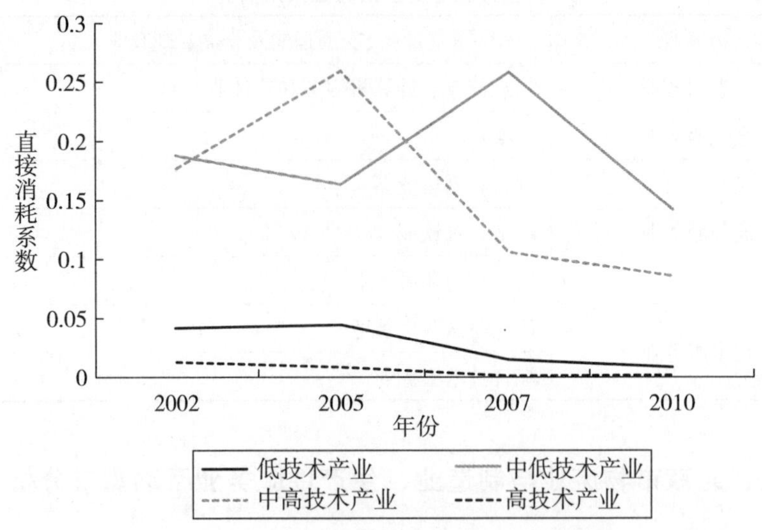

图1　北京市各制造业对物流业的需求变化

不同层次的制造业对物流业的需求量差别较大，如表3的数据所示，北京市2002年中低技术产业对物流业的需求量最大为0.18828739，其次是中高技术产业为0.177757989。2005年中高技术产业对物流业的需求量跃居到第一位为0.259250829，中低技术产业退居其次为0.164070464。2007年、2010年与2002年的情况相同，中低技术产业依旧是对物流业需求最大的产业，中高技术产业紧随其后。

由图1可以看出，随着时间的推移北京市2002年至2010年制造业对物流业的需求量整体呈下降趋势。低技术产业与高技术产业对物流业的需求绝对量一直处于较低水平。中低技术产业与中高技术产业对物流业的需求变动较大，尤其中高技术产业对物流业的需求在2005年之后下降较快。

单独来看，北京市物流业的发展对本地区中低技术性产业的发展起到了支撑和促进作用；由于北京市着力发展高端现代制造业的政策导向，从2001年开始，北京市对本市内的低技术制造业进行外迁，进而导致北京市低技术制造业总量较低，所以北京市低技术产业对物流业的需求量呈现出较低水平的态势。从整体上来讲，2002年至2010年北京市物流设备的数量增长缓慢，物流设备的技术含量不高，进而导致了各种类型的制造业对物流业的需求总体呈下降趋势，因此提高北京市物流业规模以及技术的发展是重中之重。

2. 2002—2010 年北京市物流业对各制造业的需求

表 4　　2002—2010 年北京市物流业对各制造业的需求量

	行业	2002 年	2005 年	2007 年	2010 年
物流	低技术产业	0. 036718366	0. 048231322	0. 035971225	0. 069055803
	中低技术产业	0. 035515243	0. 044384604	0. 08763258	0. 135003184
	中高技术产业	0. 031159275	0. 033019351	0. 03117871	0. 054256031
	高技术产业	0. 01789125	0. 024862428	0. 017045574	0. 030662433

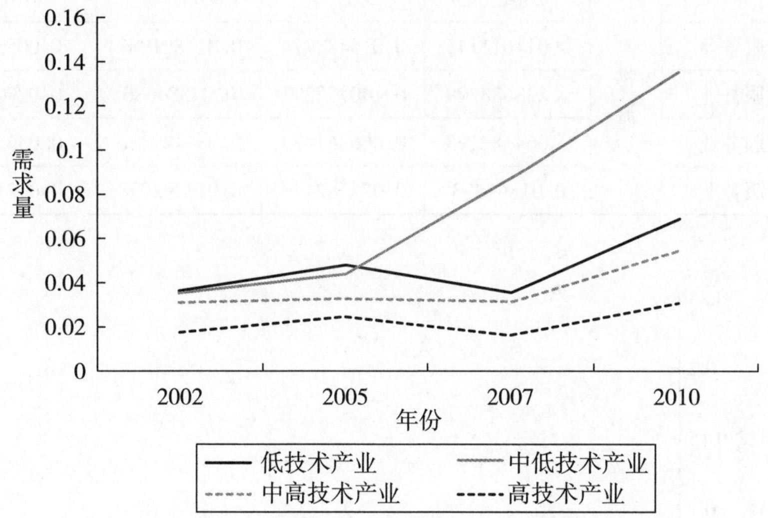

图 2　2002—2010 年北京市物流业对各制造业的需求变化

物流业对于不同产业的需求明显不平衡，如表 4 的数据所示，北京市 2002 年物流业对低技术产业的需求量最大为 0. 036718366，其次是对中低技术产业的需求为 0. 035515243。2005 年排在前两位的依旧是低技术产业与中低技术产业分别为 0. 048231322 和 0. 044384604。2007 年与 2010 年物流业对制造业的需求情况与 2002 年、2005 年的情况相反，中低技术产业成为了物流业需求的首要对象，其次是低技术产业。

从时序上来看，不同年份的需求也有所不同，由图 2 可以看出，北京市 2002 年至 2010 年物流业对制造业的绝对需求呈上升趋势，尤其是对中低技术产业的需求呈快速增长状态。但物流业对中高以及高技术产业的需求量一直在低端徘徊，增长较为缓慢。

总体而言，北京市目前仍表现为物流业对低技术性产业、中低技术性产业需求明显，说明北京市面临着物流业服务质量如何升级的问题。通过物流服务质量的升级，将会提高对高技术产业的需求。

（二）北京市物流业与各类生产性服务业的互动需求分析

1. 2002—2010 年北京市各生产性服务业对物流业的需求

表 5　　2002—2010 年北京市各生产性服务业对物流业的需求量

行业		2002 年	2005 年	2007 年	2010 年
信息服务业	物流	0.011611145	0.015488774	0.014891983	0.0055527
金融服务业		0.228638299	0.140757297	0.04584586	0.0290058
商务服务业		0.064182195	0.066361923	0.054449386	0.0562674
技术服务业		0.01864893	0.023782473	0.013292978	0.0121055

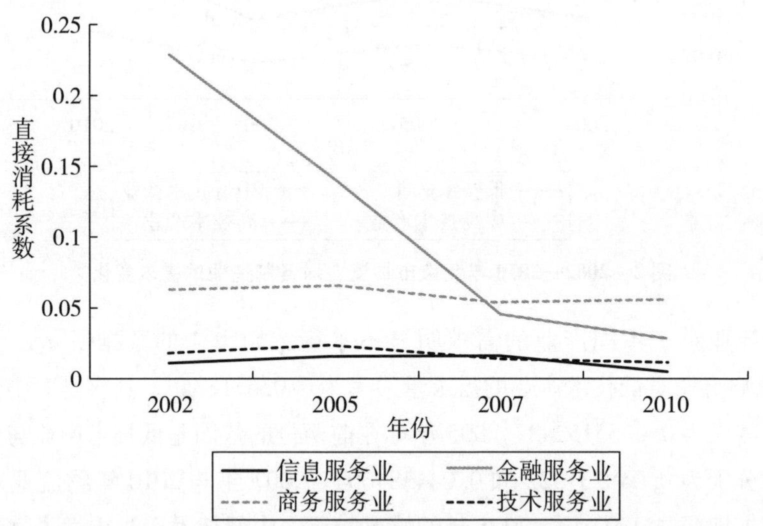

图 3　2002—2010 年北京市各生产性服务业对物流业的需求变化

其他生产性服务业对物流业的需求明显不同，如表 5 的数据所示，北京市 2002 年与 2005 年金融服务业对物流业的需求最高分别为 0.228638299、0.140757297。其次是商务服务业，这两年分别为 0.064182195 与 0.066361923。

2007年与2010年其他生产性服务行业对物流业的需求情况正好与2002年、2005年相反，商务服务业成为了物流业的最大需求者，金融服务业对物流的需求退居到第二位。

由图3可以看出，虽然相对来说金融服务业对物流业的需求较大，但随着时间的推移，金融服务业对物流业的需求逐年下降，并且下降很快。商务服务业对物流业的需求一直处于平稳状态。信息服务业与技术服务业对物流业的需求量一直处于较低水平。

可以看出，随着时间的推移在金融服务业的发展中，物流金融业务所占的比重越来越小并且发展的越来越缓慢。此外，商务服务业、技术服务业、信息服务业对物流需求的绝对数量普遍偏低，这有可能是由于北京市物流业目前整体服务水平较低，因而不能满足商务服务业、技术服务业、信息服务业的发展要求。

2. 2002—2010年北京市物流业对其他各类生产性服务业的需求

表6　2002—2010年北京市物流业对其他各类生产性服务业的需求量

	行业	2002年	2005年	2007年	2010年
物流	信息服务业	0.041217991	0.054339639	0.025275947	0.0483693
	金融服务业	0.049648686	0.08496985	0.061337124	0.1074115
	商务服务业	0.062020135	0.095665604	0.07302867	0.1229228
	技术服务业	0.077109548	0.092403542	0.041835878	0.0793477
	物流	0.16045518	0.178079519	0.409814191	0.5307255

如表6的数据所示，在北京市的生产性服务业中，物流业对于自身的需求量最大，2002年至2010年分别为0.16045518、0.178079519、0.409814191、0.5307255。其次对商务服务业这类知识密集型行业的需求位居第二。

由图4可以看出，整体上物流业对于自身以及其他生产性服务行业的需求呈上升趋势，尤其是对自身的需求增长较快。此外，除对自身需求之外，2007年以后物流业对金融业的需求也表现出逐渐上升的态势。

综上表明，商务服务业的发展能强烈支撑物流业的发展壮大；近几年来物流业的发展对资金的需求逐渐增大；2007年以后物流业对自身的需求量占到了总需求量的近50%。这表明北京市物流产业自身循环和带动能力较好，产业内部增值明显。对于其他生产性服务行业的直接消耗量过低。

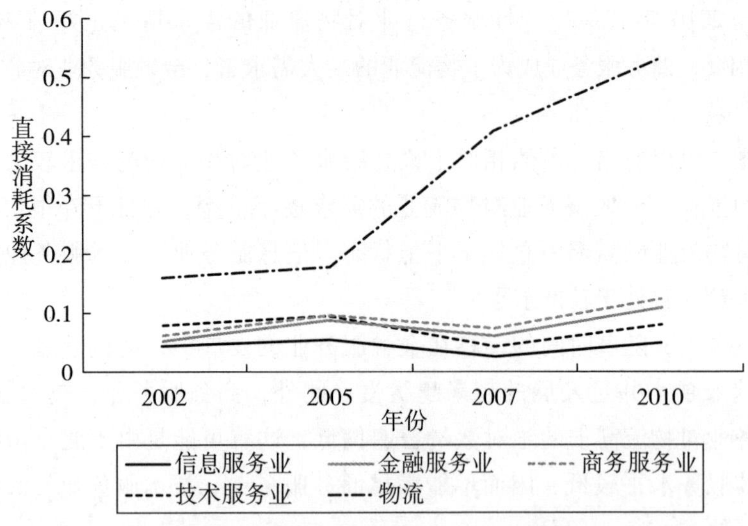

图4　2002—2010年北京市物流业对其他生产性服务业的需求变化

五、对北京市物流业与制造业、其他生产性服务业互动发展的建议

（1）进一步提高北京市政府的鼓励作用，提高社会各界对物流业与制造业、其他生产性服务业互动发展作用的重视。市政府应积极推动物流业与制造业、其他生产性服务业之间的合作，为其产业间的互动发展创造有利的政策环境，如为其之间的合作构建平台、创造机会，出台产业引导政策，促进其融合。尤其应该加强信息沟通平台的建设，实现信息共享，因为信息沟通是产业间融合以及互动发展的前提。

（2）结合北京市着力发展高端现代制造业，加快向生产性服务业主导型经济转变的政策定位，应努力打破传统观念，鼓励制造业与物流业分离，并通过制造业和物流业的联动发展来整合资源，进而增强物流业和制造业各自的核心竞争力。采取措施解决物流服务供需结构性矛盾问题，促进物流业与制造业共同互动发展提高物流技术的发展水平、创新物流服务模式，多角度的参与到制造业、其他生产性服务业企业的供应链管理中。

（3）着力促进物流产业和高端制造业之间的互动。北京市物流业的发展对于制造业中的低技术制造业、中低技术制造业的需求量较大，表明北京市物流业的发展目前仍是对非知识密集型类制造业的需求较为突出，对高端制造业的需求处于较低水平。同时，近年来北京市物流设备的数量增长缓慢，物流设备的技术含量不高、进而导致了高端制造业对物流业的需求也呈下降趋势。应积极地加强物流业与高端制造业之间的信息、物质以及能量的交流，在自身良好发展的前提下相互促进、共同发展，进而使双方效益最大化。

（4）着力提升物流产业和商务服务业以及金融业的融合。北京市物流业的发展对于生产性服务业中的商务服务业、金融服务业的需求量较大，同时金融服务业、商务服务业的发展对于物流的需求也较为显著。物流业的发展内生金融需求，良好的金融发展水平又为物流业的发展提供更多机遇。物流的发展促进金融工具、金融制度、金融监管的创新，同时物流业在不断发展的过程中也需要金融部门的大力支持，可表现在金融发展对物流的资金保障作用，对物流的监督作用等。作为高附加值的商务服务业能够强烈支撑北京市物流业的发展壮大，为物流业的发展起到重要的支撑作用，同时物流业的大力发展也能够促进商务服务业发展模式的创新，更能拓展其服务的范围。

参考文献

［1］蔡宇．关于产业链理论架构与核心问题的思考［J］．统计与决策，2006（9）：114－116.

［2］魏江，周丹．生产性服务业与制造业融合互动发展——以浙江省为例［M］．北京：科学技术出版社，2011.

［3］毕康．北京市物流业的投入产出分析［D］．北京：北京交通大学，2006.

［4］张丽平，杨江龙．基于结构洞理论的物流业与制造业联动分析［J］．物流技术，2012，31（11）：241－242.

［5］侯红昌．河南制造业和物流业联动发展分析［J］．企业活力，2010（4）：10－11.

［6］吕涛，聂锐．产业联动的内涵理论依据及表现形式［J］．工业技术经济，2007（5）：23－24.

［7］施同兵，简晓彬．论产业联动对可持续发展的作用——以江苏为例［J］．生态经济：学术版，2007（2）：37－39.

[8] 王晓燕，李道芳. 安徽省制造业与物流业联动发展研究 [J]. 华东经济管理，2009，23 (10)：158－159.

[9] 朱长征. 陕西省制造业与物流业联动发展的灰色关联分析 [J]. 企业经济，2011 (8)：118－119.

[10] 王智. 中国物流业的投入产出分析综述 [J]. 知识经济，2007 (12)：124－125.